Rudolf Kring

Gottes Schöpfung - unsere Verantwortung

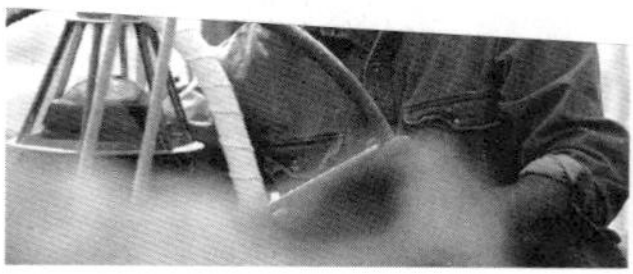

ERF Verlag

Gottes Schöpfung - unsere Verantwortung
Bestell-Nr. 312.075.153

Von Rudolf Kring bisher in der Edition
„Gesund & fit" erschienen:

Bd. 1: ... Grundsätzliches (Bestell-Nr. 312.075.099)
Bd. 2: ... Getreide (Bestell-Nr. 312.075.100)
Bd. 3: ... Obst (Bestell-Nr. 312.075.101)
Bd. 4: ... Gemüse (Bestell-Nr. 312.075.102)
Bd. 5: ... Fleisch (Bestell-Nr. 312.075.103)
Bd. 6: ... Milch (Bestell-Nr. 312.075.135)
Bd. 7: ... Honig (Bestell-Nr. 312.075.141)

Bildnachweis:
Umschlag: Photo Disc

Kring, Rudolf:
Gottes Schöpfung - unsere Verantwortung / Rudolf Kring
Meran: ERF Verlag Südtirol, 2002

ERF Verlag Südtirol: ISBN 88-88259-02-3
ERF Verlag Wetzlar: ISBN 3-89562-686-4

Bst.-Nr. 312.075.153

Umschlaggestaltung: ERF Studio Südtirol
Lektorat: Viola Oberrauch, Nicole Heinz
Text- und Bildbearbeitung: Markus Ostermann

Gesamtherstellung:
ERF Verlag Südtirol

Druck:
Union - Druckerei, I-39012 Meran
Printed in Italy 2002

Inhalt

Seit Bestehen der Erde hat es noch nie eine Zeit gegeben, in der die Luft, die wir atmen, das Wasser, das wir trinken, und der Boden, von dem wir uns ernähren, so mit Schadstoffen belastet waren wie heute. Zwar ist in den vergangenen Jahrzehnten viel dagegen unternommen worden, doch der Erfolg ist oft nur von lokaler Bedeutung. Weltweit stehen wir heute vor immer größeren Problemen, die durch die Zerstörung der Umwelt hervorgerufen wurden. Schuld daran ist unser Lebensstil, zu dem jeder durch seinen persönlichen Lebenswandel bewusst oder unbewusst beiträgt.

Wenn in einer Umfrage gefragt würde, wer von uns verpestete Luft oder Stickoxyde auf dem Acker möchte, würde jeder das verneinen, aber jeder möchte Auto fahren. Wer z. B. denkt schon darüber nach, dass mit jedem verbrauchten Liter Sprit 10.000 Liter Luft belastet werden? Um das Gewicht eines Menschen von 70 Kilogramm zu befördern, setzen wir ein 1,2 Tonnen schweres Auto in Bewegung. Wie eine Studie der Umweltschutzorganisation World Wide Fund for Nature (WWF) ergab, verbringen Großstädter etwa zwei Jahre ihres Lebens allein mit der Suche nach Parkplätzen. In den USA verursacht der Autoverkehr jedes Jahr Umweltkosten von mindestens 300 Milliarden Dollar.

Auch dass Tiere oder Pflanzen aussterben, möchte niemand von uns und dennoch tragen wir alle auch hierzu bei. Schuld daran ist wieder der hohe Lebensstandard unserer westlichen Länder, der ganz entscheidend zum Aussterben der Arten beiträgt. Die meisten Menschen in den reichen Ländern dieser Welt leben so naturfern und halten den erreichten Lebensstandard für so selbstverständlich, dass sie ihn nicht mehr in eine Beziehung zur Umwelt bringen können. Viele sind mit ihrem persönlichen Vorwärtskommen so sehr beschäftigt, dass sie für die Belange der Natur kein Empfinden mehr haben. Kein Wunder, dass unsere Landschaft weitgehend keine Naturlandschaft mehr ist, sondern eine in allen Bereichen vom Menschen genutzte Kulturlandschaft.

Inzwischen sterben durch die fortschreitende Umweltzerstörung Tag für Tag weltweit etwa 160 Tier- und Pflanzenarten aus, obschon viele Millionen Arten dieser Erde noch nicht entdeckt und beschrieben wurden. Wenn diese dramatische Entwicklung nicht gestoppt wird, ist in den kommenden 25 Jahren mit dem Aussterben von

1,5 Millionen Arten zu rechnen. Die Gefährdung der biologischen Artenvielfalt ist also weltweit besorgniserregend.

Aus der sogenannten „roten Liste“ von 1996 der Weltnaturschutzunion (IUCN) geht hervor, dass fast jede vierte Säugetierart und etwa jede neunte Vogelart vom Aussterben bedroht sind. Insgesamt führt diese Liste 5.205 gefährdete Tierarten auf, darunter mehr als tausend Säugetierarten. In dieser Liste finden wir unter anderem Tierarten wie das schwarze Rhinozeros (Nashorn) aus Sumatra, Java und Afrika wie auch den kalifornischen Kondor mit einer Flügelspannweite von drei Metern.

In der BRD sind allein seit dem Jahr 1970 etwa 200 Tierarten ausgestorben. Mehr als die Hälfte aller Wirbeltierarten sind trotz vieler Bemühungen der Tierschutzverbände in ihrem Fortbestand weiter gefährdet. Von den Pflanzenarten sind rund ein Drittel vom Aussterben bedroht. Achtzehn davon gibt es nur noch in wenigen Exemplaren in Botanischen Gärten. Mehr als 34.000 Blütenpflanzen sind so selten geworden, dass es sie bald nicht mehr geben wird. 49 % der Farnpflanzen und 31 % der Blütenpflanzen werden laut Auskunft des Bundesamtes für Naturschutz als gefährdet eingestuft. Für die Pharmaindustrie ist das besonders Besorgnis erregend; immerhin sind noch mehr als die Hälfte der verschriebenen Medikamente natürlichen Ursprungs. So bleibt uns von dem unvorstellbaren Artenreichtum mit seiner biologischen Vielfalt aus Gottes reicher Schöpfung immer weniger erhalten. Dabei ist dieser Artenreichtum im wahrsten Sinne des Wortes unvorstellbar groß.

Nach Schätzungen des World Conservation Monitoring Center (WCMC) sind heute etwa 1,75 Millionen Tier- und Pflanzenarten bekannt. Aber 60 bis 100 Millionen Arten, bzw. Unterarten werden noch vermutet. Sie gelten bis heute als unerforscht.

Dieser unvorstellbare Reichtum und die damit verbundene biologische Vielfalt der Schöpfung Gottes ist nun gefährdet wie noch nie. Dabei weist gerade diese Vielfalt auf den Schöpfer hin, von dem wir in Psalm 104, Vers 24 lesen: „Wie zahlreich sind deine Werke, o Herr!“ Aber wie viele dieser Arten kennt ein Durchschnittsbürger davon? Laut Statistik sind es gerade mal 0,01 %. An diesen Zahlen können wir die Diskrepanz erkennen zwischen dem, was wir als Fülle in der Natur finden, und dem, was wir effektiv davon wissen.

Biologische Vielfalt bedeutet aber nicht nur die verschiedenen Tier- und Pflanzenarten, sondern auch die verschiedenen Ökosysteme und Biotop-Typen, von denen es allein in Deutschland etwa 750 verschiedene gibt. Wir wissen heute, wie dringend notwendig es ist, dass auch diese Lebensräume erhalten bleiben, weil sie für viele Tier- und Pflanzenarten lebensnotwendig sind. Dazu gehören unter anderem auch die Rastplätze der Zugvögel. Weil immer mehr dieser wichtigen Feuchtgebiete zerstört werden, sind etwa 50 Milliarden Zugvögel, die weltweit unterwegs sind, besonders gefährdet. Von den 29 in Europa bedrohten Vogelarten gehören 19 zu den Zugvögeln. Einige von ihnen sind in den letzten Jahren um 70 % ihres Bestandes geschrumpft.

Im biblischen Schöpfungsbericht lesen wir, dass Gott alles nach „seiner Art" geschaffen hat. Jede Pflanzen- und jede Tierart braucht also einen ganz bestimmten Lebensraum, in dem sie sich, ihrer Art entsprechend, entfalten können. In diesem Lebensraum leisten sie den größten Beitrag für die gesamte Ökologie und nur hier haben sie eine sichere Chance zum Überleben.

Aber es geht nicht nur um das Aussterben der Arten. Die fortschreitende weltweite Umweltzerstörung zeigt sich auch in den dramatisch ansteigenden Schäden, die durch immer häufiger auftretende Naturkatastrophen verursacht werden. Diese

Schäden beliefen sich im Zeitraum von 1960 bis 1970 auf 50 Milliarden US-Dollar, von 1970 bis 1980 auf 70 Milliarden US-Dollar, von 1980 bis 1990 auf 120 Milliarden US-Dollar und allein in den Jahren 1990 bis 1992 auf 260 Milliarden US-Dollar.

An diesen Zahlen können wir erkennen, welch eine gewaltige Steigerung der Schäden durch Naturkatastrophen in diesen letzten Jahrzehnten zu verzeichnen war. Zu diesen materiellen Schäden, verursacht durch Katastrophen, waren in den Jahren 1990 bis 1992 noch an die 220.000 Tote zu beklagen. Bis zum Jahr 2000 waren es 665.598 Tote, davon 83 % in Asien. Wie aus einem Weltkatastrophenbericht des Internationalen Roten Kreuzes hervorgeht, haben Naturkatastrophen in den Jahren 1990 bis 2000 Schäden im Ausmaß von 78,7 Billionen US-Dollar verursacht. Allein 1995 beliefen sich die Versicherungsschäden durch Umweltkatastrophen auf 180 Milliarden US-Dollar, das ist dreimal so viel wie im Jahr zuvor.

Von 1950 bis 1990 haben sich die Umweltkosten der Versicherungen vervierzehnfacht. Im Jahre 1998 gab es mehr Naturkatastrophen als in irgendeinem Jahr zuvor, seitdem es Aufzeichnungen darüber gibt. Bodenerosionen, Dürre, Überschwemmungen, Abholzungen und Erdbeben trieben 1998 über 25 Millionen Umweltflüchtlinge von ihrem Grund und Boden in die bereits überfüllten Slums der schnell wachsenden Großstädte. Doch die Zahl dieser Katastrophen stieg im Jahr 2000 nochmals an, wenn auch mit weniger Toten. Es gab weltweit etwa 20.000 Naturkatastrophen. Die Zahl der Menschen, die von Umweltkatastrophen im Jahr 2000 betroffen waren, lag bei 256 Millionen.

Die Bewahrung der Schöpfung ist zum weltweiten Problem geworden. Umweltverbände, Kirchen, Schulen und Politiker; alle rufen zum Schutz der Umwelt auf. Aber keiner hat greifende Antworten, die wirklich eine Wende bringen könnten. Auch auf den internationalen Umweltkonferenzen, auf denen sich Fachleute und Experten aus aller Welt treffen, herrscht oft Ratlosigkeit. Man erkennt zwar mittlerweile in vielen Ländern und quer durch die meisten Interessengruppen die weltweite Problematik und beschließt neue Gesetze, doch weiß letztlich - bei allem guten Willen - niemand genau, wie die Lösung der Probleme in der Praxis durchgeführt und finanziert werden soll.

Indessen wächst die Schar der Mahner ständig. Doch was nützt das? Gut gemeintes Reden bringt in der Praxis nicht weiter. Dazu war im Kölner Stadtanzeiger vom 4./5. Dezember 1993 in einem Bericht zum Jubiläumstreffen des „Club of Rome“ zu lesen: „Nicht selten stand den Damen und Herren am spartanischen Karree des Konferenztisches die Ratlosigkeit in den Augen. Ihre Münder produzierten dafür eine Flut von Worten, doch scheinen die Visionen leere Buchstaben.“ Mit dieser Unsicherheit werden wir auch in Zukunft leben müssen. Die Schuld dafür trifft uns allerdings mehr oder minder alle, Christen wie Nichtchristen.

Wie sehr die Probleme der Umwelt weltweit und international sind, trat einmal mehr im Jahr des Reaktorunfalls in Tschernobyl zu Tage, als in der Ukraine das Unglück geschah, und in Bayern die Milch über das Weidefutter der Kühe radioaktiv verseucht war, sogar das daraus gewonnene Milchpulver musste später entsorgt werden. Im hohen Norden Europas war es noch ärger. Da mussten ganze Rentierherden abgeschossen werden, weil das Fleisch der Tiere nicht mehr gegessen werden konnte. Die Internationalität des Problems zeigt sich aber auch darin, wenn z. B. Pestizide, die von amerikanischen Farmern auf ihre Felder ausgebracht wurden, später bei sterbenden Pinguinen und Robben im Eis der Südpolargebiete wiedergefunden werden. Die Abgase unserer Autos und die Luftverschmutzung durch die Industrie tragen dazu bei, dass viele Fische in den klaren Seen Finnlands nicht mehr leben können.

Das „Seufzen der Schöpfung“, wie es der Apostel Paulus im Brief an die Römer, Kap. 8, Vers 22 beschreibt, wird immer deutlicher. Und es scheint, dass das Wort aus Psalm 102, Vers 26 bis 28 nun in Erfüllung geht, wo es heißt: „Du hast einst die Erde gegründet, und die Himmel sind deiner Hände Werk. Sie werden umkommen, du aber bleibst. Sie werden alle veralten wie ein Kleid; wie ein Gewand wechselst du sie, und sie werden verwandelt. Du aber bist derselbe, und deine Jahre enden nicht.“

Viele Christen argumentieren damit, dass die gesamte Umwelt ein Teil dieser Welt sei, die bald vergehen wird. Wie sie es selbst formulieren, leben sie zwar in dieser Welt, sind aber nicht von dieser Welt. Außerdem habe Gott selbst sie dazu beauftragt, über diese Welt zu herrschen und sie sich untertan zu machen. Wer solch eine Argumentation zu Ende denkt, kommt natürlich unweigerlich zum Schluss, dass Christen die Erde ausbeuten und zerstören dürfen. Schließlich ist doch ihr Bürgerrecht im Himmel, wie wir es auch an verschiedenen Stellen im Neuen Testament lesen können. Allerdings übersehen diese Christen dabei das Wort aus der Offenbarung, Kap. 11,

Vers 18b, wo es heißt, dass der Herr einmal in seinem Zorn die verderben wird, die seine Erde verderben.

Zudem haben diese Menschen nicht verstanden, wie sehr Mensch und Natur zusammengehören und aufeinander angewiesen sind. In der Bibel werden der Mensch und die Werke der Natur oft gemeinsam angesprochen, so lesen wir z. B. im 145. Psalm in den Versen 9 und 10: „Der Herr ist gut gegen alle, sein Erbarmen ist über alle seine Werke. Es werden dich loben, Herr, alle deine Werke und deine Frommen dich preisen“. Deutlicher noch bringt es der 148. Psalm zum Ausdruck, wo die ganze Schöpfung und alle Menschen dazu aufgerufen werden, den Herrn zu loben.

Es ist also gar nicht so eindeutig, wenn Christen mit ihrer Bibel argumentieren. Denn wenn auch das Bürgerrecht des Christen tatsächlich im Himmel ist, so können sie sich damit doch nicht aus ihrer Verantwortung stehlen, indem sie sich auf ihre Bibel berufen. Auch das Argument, wonach ihr eigenes „kleines Bisschen“ doch nichts bringe, kann nicht als Entschuldigung geltend gemacht werden.

Wenn z. B. Honigbienen sagen würden: „Mein kleines Bisschen bringt nichts“, würden wir nie ein

Glas Honig bekommen. Bienen sammeln nämlich den Honig in einer winzig kleinen Honigblase, die sich in ihrem Hinterleib befindet. Diese Honigblase ist kleiner als ein Stecknadelkopf und fasst nur 50 bis 60 mg. Was die Biene sammelt, ist kein fertiger Honig, sondern Nektar. Nektar aber besteht zu zwei Drittel aus Wasser. Nur der Rest kann zu Honig verarbeitet werden. Ein Teil davon wird noch als „Treibstoff" für das Sammeln und Nach-Hause-Fliegen des Nektars verbraucht. So müssen die Bienen insgesamt vier bis sechs Millionen Blüten anfliegen, um 1 Kilogramm Honig zu sammeln. Dies entspricht einer Entfernung von etwa 280.000 Flugkilometern; das ist siebenmal um die ganze Erde für nur 1 Kilogramm Honig! Eine gewaltige Leistung für die fleißigen kleinen Insekten. Aber viele, viele Tausende solcher „Bisschen" machen es möglich, dass ein Bienenvolk in einem günstigen Jahr über einen Zentner, also 50 Kilogramm Honig einfliegen kann.

Genauso kommt es auch beim Umweltschutz auf jedes noch so kleine Bisschen an. Deshalb haben die Menschen nicht recht, die auf die hohen Fabrikschornsteine, die PS-starken Fernlastzüge und auf die Bauern mit ihren Giftspritzungen verweisen oder auf die Chemiker, die diese Gifte herstellen. Ihrer Meinung nach sind das die großen

Umweltsünder. Dabei merken sie nicht, dass sie selbst all die Leistungen der von ihnen als „Umweltsünder“ Verurteilten ständig in Anspruch nehmen.

Insbesondere als Christen sollten wir aber für unseren Lebensstil selbst die Verantwortung tragen. Erst recht, wenn sich dieser Lebensstil so negativ auf die Umwelt auswirkt, wie das auf den unseren tatsächlich zutrifft. Wir kommen also nicht umhin, uns der Problematik zu stellen - auch als Christen. Die Zerstörung unserer Umwelt geht uns alle an!

Boden - ein wertvolles Gut

Von dem Forscher Justus Liebig stammt das Wort: „Immer ist es der Boden mit seiner Fruchtbarkeit, der über das Wohl oder das Übel eines Volkes entscheidet.“ Im Buch Prediger, Kap. 5, Vers 8 lesen wir die Worte des weisen Königs Salomo: „Doch ein Gewinn für das Land ist bei alledem dies: Ein König, der für das bebaute Feld sorgt.“

Im Buch der Sprüche, Kap. 12, Vers 11 heißt es: „Wer sein Ackerland bebaut, wird sich satt essen können ...“ Diese Aussagen unterstreichen den unschätzbaren Wert des fruchtbaren Ackerbodens,

an den wir mindestens dreimal jeden Tag durch unsere Mahlzeiten erinnert werden, obwohl sich kaum jemand Gedanken über den Erhalt des Bodens macht. Der fruchtbare Ackerboden ist es, der immer wieder alle lebensnotwendige Nahrung für Mensch und Vieh hervorbringt.

Schließlich kommt auch das immer knapper werdende Trinkwasser aus dem Boden und verschmutztes Wasser kann durch die Filterwirkung des Bodens wieder gereinigt werden. Selbst unsere Luft ist indirekt dadurch vom Boden abhängig, dass sie durch die Filterwirkung der Pflanzen in Feld und Wald gereinigt wird und über die Pflanzen, die im Boden wachsen, den lebensnotwendigen Sauerstoff erhält. So können wir sagen, dass ohne gesunden Boden alle drei lebensnotwendigen Hauptbedürfnisse des Menschen - gesunde Nahrung, frisches Wasser und saubere Luft - nicht zu haben sind. Deshalb sollten wir dem Boden höchste Beachtung schenken und alles tun, um dieses wertvolle Gut der Schöpfung zu erhalten. Leider laufen wir oft gedankenlos auf dem Boden herum, als sei es eine tote Masse aus Sand und Lehm. In Wirklichkeit aber ist der Boden voller Leben.

Auf einem Hektar Weide können zwei Kühe das ganze Jahr über ausreichend Futter finden. Zwei

Kühe wiegen zusammen etwa 25 Zentner. Das gleiche Gewicht allein an Regenwürmern lebt auf einer gleichgroßen Fläche unter der Grasnarbe im Boden und sorgt ständig dafür, dass die Fruchtbarkeit des Bodens nicht aufhört. Das ganze geschieht in einer wunderbaren Symbiose mit Millionen von meist unsichtbaren anderen Bodenbewohnern bis hin zu den Milliarden von Einzellern und Mikroorganismen, die in Zusammenarbeit mit Pilzen, Algen, Flechten und Wurzeln im Boden dafür sorgen, dass wir alle auf dem Boden leben können. Am deutlichsten wird das, wenn wir bedenken, dass in einer einzigen Handvoll gesunden Ackerbodens mehr Mikroorganismen leben und arbeiten, als es Menschen auf der ganzen Erde gibt. Wer aber von uns ist sich dessen bewusst? Wer bedenkt, dass all das letztlich zu unserem Wohl geschieht? Im 119. Psalm, Vers 91 lesen wir dazu: „Nach deinen Ordnungen bestehen sie bis heute, denn alles ist dir dienstbar.“ BIBEL

Hiob, der leidgeprüfte, aber ganz offensichtlich sehr erfahrene Gutsbesitzer, hatte etwas verstanden vom Wert des fruchtbaren Bodens. Wie wir im Buch Hiob, Kap. 31, Vers 38 bis 40 lesen, sagte er: „Wenn gegen mich mein Ackerboden Anklage erhob und seine Furchen miteinander weinten, wenn ich seinen Ertrag, ohne zu bezahlen, verzehrt habe und die Seele seiner Besitzer zum Keuchen brachte, dann soll statt Weizen Dorngestrüpp hervorkommen, und anstelle von Gerste Unkraut!“

Haben wir jemals daran gedacht, dass der Ackerboden einmal Anklage gegen uns erheben könnte? Wäre es im Bereich unserer Vorstellungskraft, dass „Furchen miteinander weinen?“ Wenn z. B. auf einem Acker frische, ammoniakhaltige Jauche oder Gülle ausgefahren wird, so wird damit dem vielfältigen Leben im Boden zunächst großer Schaden zugefügt. Das will natürlich niemand, aber wohin sonst mit der in großen Mengen anfallenden Gülle der modernen rationalisierten Landwirtschaft?

Damit die Kulturpflanzen auf dem Acker nicht durch den scharfen Ammoniak verätzt werden, wird die Gülle bei Regenwetter ausgebracht. Bei Regenwetter aber halten sich die meisten Bodenbewohner in der oberen feuchten Schicht auf. Am nützlichen Regenwurm - als Beispiel für Millionen von anderen Lebewesen im Boden - wird der Schaden deutlich. Die Gülle dringt in die Gänge des Regenwurms ein und greift seine empfindliche Haut an. Wer diesen Vorgang beobachtet, wird bemerken, dass die Regenwürmer sofort an die Bodenoberfläche flüchten. Doch selbst da gibt es für sie kein Entrinnen, weil das gesamte Feld mit ätzender Gülle eingeschwemmt worden ist. So zappeln sie und winden sich solange hin und her, bis der Tod ihren Qualen ein Ende macht. Am nächsten Morgen liegen diese Regenwürmer dann zu Tausenden leblos auf der Ackeroberfläche.

Indem wir uns das alles veranschaulichen, begreifen wir vielleicht die Worte Hiobs, wenn er davon spricht, dass auch der Ackerboden Anklage erheben kann. Vielfach wird der Schaden aber gar nicht mehr wahrgenommen, weil das Vorkommen der Regenwürmer stark abgenommen hat. Ein Boden jedoch, in dem es kein gesundes Bodenleben mit entsprechend vielen Regenwürmern gibt, ist krank, erosionsgefährdet und wird mit der Zeit immer unfruchtbarer.

Im Biogas-Prozess hingegen werden auf natürliche Weise Mist, Jauche, Gülle usw. durch Methan-Bakterien abgebaut und dann als wertvoller und nicht mehr ätzender Naturdünger dem Boden zurückgegeben. In diesem Boden fühlen sich Regenwürmer und andere Bodenbewohner so richtig wohl und vermehren sich. So wird auf natürliche Weise die Bodenfruchtbarkeit durch die Aktivität des Bodenlebens gefördert, denn richtig düngen heißt: Das Bodenleben gut füttern und pflegen.

Ein weiterer Vorteil des Biogas-Prozesses ist auch darin zu sehen, dass der ausgefaulte Schlamm nicht mehr zu Geruchsbelästigung führt und dass dadurch mit dem unerschöpflichen Biogas eine wertvolle alternative Energie entsteht. Selbst wenn alle fossilen Energieformen dieser Erde einmal verbraucht sein werden, so wird es Biogas auf dieser Erde noch immer geben, so lange es noch Pflanzen, Tiere und Menschen gibt. Doch auch diese Energie kommt letztlich über Pflanzen und Tiere mit Hilfe der unerschöpflichen Energiequelle der Sonne aus dem Boden. So ist der Biogasprozess ein natürlicher Kreislauf, bei dem die entstehenden Produkte der Natur in sinnvoller Weise zurückgegeben werden.

Landwirtschaft - Verbraucher

Viele Menschen sehen heute die Landwirtschaft als einen der wesentlichsten Zerstörer der Umwelt an. Durch den hohen Einsatz von Chemie und Kunstdünger, so sagen sie, ist sie wesentlich mit dafür verantwortlich, dass wir immer mehr Nitrate im Grundwasser haben. Gleiches gilt für die hohen Phosphatwerte in unseren Flüssen und Seen, wie auch für die vielen Rückstände in unseren Nahrungsmitteln.

Tatsächlich haben die Landwirte über Jahrzehnte zu viele Pestizide und Mineraldünger ausgebracht. Doch es wäre zu einfach, die Verantwortung allein den Landwirten zuzuschieben. Vielmehr sind wir als Verbraucher diejenigen, die nach immer billigeren Lebensmitteln verlangen und dadurch die Landwirte dazu treiben, dass sie nur über die Massentierhaltung und den Einsatz von Chemie konkurrenzfähig bleiben. Denn obwohl die meisten von uns immer mehr verdienen, sind wir immer weniger bereit, Geld für unsere Lebensmittel auszugeben. Dabei ist das Übergewicht und nicht der Hunger unser Problem. Schlankheitskuren und Diäten verschlingen inzwischen Millionen von Euro. Billige Nahrungsmittel lassen sich aber nur durch Massentierhaltung und den Einsatz von viel Chemie und Kunstdünger erzeugen.

Als Durchschnittsbürger geben wir heute für Lebensmittel und Getränke ungefähr 14,8 % unseres Einkommens aus. In anderen Ländern der Welt liegen die prozentualen Ausgaben für Lebensmittel zum Teil wesentlich höher. In der Regel geben die Menschen 90 % und mehr von ihrem Verdienst für Lebensmittel aus. Viele von uns geben hingegen wesentlich mehr für ihr Auto, ihre Hobbys und ihren Urlaub aus als für Nahrungsmittel. Das führt dazu, dass in einer

Zeit, in der alles teurer wird, die Einnahmen der Landwirte seit Jahren immer niedriger ausfallen, was wiederum dazu führt, dass immer mehr landwirtschaftliche Betriebe nicht mehr existieren können und aufgegeben werden müssen.

Noch vor 30 Jahren erhielt ein Landwirt umgerechnet etwa 240 Euro für eine Tonne Weizen. Heute bekommt er dafür nur noch 100 bis 110 Euro. So können wir sagen, dass wir als Verbraucher für immer mehr Lebensmittel immer weniger Arbeitsleistung aufbringen müssen. Aber sind wir dadurch zufriedener geworden? Das Gegenteil ist der Fall.

Das alles sind unnormale Verhältnisse, die zu Raubbau und zu einer immer stärkeren Belastung der Umwelt führen müssen. Denn je höher unser Lebensstandard und je geringer unsere Ausgaben für Nahrungsmittel sind, desto mehr muss die Umwelt darunter leiden. Das ist eine Gesetzmäßigkeit, an der wir nicht vorbeikommen. Deshalb sollte jeder Verbraucher daran denken, dass er das Geschehen in der Landwirtschaft durch sein Kaufverhalten ganz wesentlich mitsteuern kann.

Vielen Bauern ist der Umgang mit chemischen Spritzmitteln, Medikamenten und Kunstdüngern ohnedies äußerst unangenehm. Schließlich sind sie es - und mit ihnen ihre Familien - die zuallererst dadurch gefährdet sind. Deshalb wären viele dieser Bauern heute bereit, eine umweltverträgliche Landwirtschaft zu betreiben, wenn sie nur den „verdienten Preis“ dafür bekämen. Aber so lange kaum jemand von uns bereit ist, diesen Preis zu zahlen, werden wir als Verbraucher weiter mitverantwortlich sein, dass der Raubbau an der Natur weiter voranschreitet.

Wer die Bio-Landwirtschafts-Szene kennt, wird bemerken, dass sogar die wenigen Biobauern, die mit viel Idealismus ihre Betriebe im Einklang mit der Natur führen und gesunde Produkte auf den Markt bringen, immer wieder mit Absatzschwierigkeiten zu kämpfen haben.

An der Zerstörung unserer Böden ist aber nicht nur die Landwirtschaft schuld. Jeder Autofahrer ist genauso daran beteiligt, dass wir heute Nitrate im Grundwasser haben. Denn die vielen Stickoxyde, die wir beim Autofahren in die Luft blasen, kommen als saurer Regen auf unsere Erde zurück und belasten Boden und Grundwasser. Wissenschaftliche Messungen haben ergeben, dass dieser Eintrag über die Luft bei über 40 Kilogramm reinen Stickstoffs pro Hektar und Jahr liegen kann. Das ist mehr, als manche Landwirte an Düngemitteln ausbringen. Das Schlimme daran ist, dass dieser

Stickstoff das ganze Jahr hindurch mit dem Regen auf den Boden fällt, auch im Winter, wenn kaum Wachstum möglich ist. Ein Landwirt hingegen düngt nur während der Vegetationszeit, wenn die Pflanzen den Stickstoff benötigen.

Dieser anthropogene, das heißt vom Menschen verursachte Dauerstickstoffregen wird mittelfristig dazu führen, dass sich stickstoffliebende Pflanzen wie z. B. die Brennessel, das Klettenlabkraut oder die Vogelmiere immer mehr ausbreiten, während stickstoffmeidende Pflanzen, wie z. B. der wilde Thymian und viele Nelkenarten es immer schwerer haben werden.

Dass unsere Wälder trotz des sauren Regens noch einen so guten Zuwachs aufweisen, liegt mit an diesem Dauerstickstoffregen und an dem hohen Kohlendioxidgehalt der Luft, der die Wälder in gewisser Weise sogar düngt.

Auch der hohe Phosphatgehalt, der unsere Gewässer belastet, wurde nicht nur von der Landwirtschaft verursacht. Viele Tonnen von phosphathaltigen Waschmitteln sind über viele Jahre durch unsere Waschmaschinen in die Flüsse und Seen gelangt. Es wäre also falsch, nur den Landwirten die Schuld zuzuschieben.

Kunstdünger - eine irreführende Bezeichnung

Alle Kunstdünger sind Mineraldünger, die in ihrer ursprünglichen Form in der Natur vorkommen. Es sind keine künstlichen Produkte aus einem chemischen Labor. Die wichtigsten Dünger sind Kalk, Phosphor, Kali und Stickstoff. Ohne diese Grundnährstoffe ist für Pflanzen kein Wachstum möglich. Durch Düngen mit diesen Substanzen hat man weltweit sehr beachtliche Ernteseigerungen erreicht.

Es gibt viele Böden, die von Natur aus kalkarm sind. In anderen Gegenden gibt es ganze Berge, die vorwiegend aus Kalkgestein bestehen. Ähnlich ist es mit dem Phosphor. Das Thomasphosphat z. B. ist ein Dünger, der als Nebenprodukt in der Schlacke beim Eisenschmelzen im Hochofen übrigbleibt. Es ist ein reines Naturprodukt, welches da abgebaut wurde, wo auch das Eisen herkommt. Die größten Phosphatvorräte der Welt hat man in Marokko/ Nordafrika gefunden. Das Kali wird im hessisch-thüringischen Grenzgebiet aus der Erde geholt.

Wenn nun die Industrie diese Naturprodukte abbaut, sie mechanisch zerkleinert, in ihren Labors analysiert, sie abwiegt, in Säcke verpackt und dann mit genauen Inhaltsangaben auf den Säcken an die Landwirte verkauft, dann ist durch diesen

Vorgang kein „künstlicher“ Dünger entstanden. Es sind natürliche Substanzen, die dort, wo sie vorkommen, abgebaut werden, um sie dort, wo sie benötigt werden, einzusetzen, um so die Ernteerträge zu steigern.

Beim Stickstoff allerdings - obwohl es sich auch hier um ein reines Naturprodukt handelt - verhält es sich etwas anders. Er wird aus der Luft gewonnen, die zu 79 % aus Stickstoff besteht, den die meisten Pflanzen aber nicht aufnehmen können. Nur einige Pflanzenarten - nämlich die aus der Familie der Leguminosen - können in Symbiose mit den im Boden lebenden Knöllchenbakterien den Luftstickstoff knacken und für sich und andere Pflanzen nutzbar machen.

Dieser Luftstickstoff kann durch einen sehr hohen Druck - bei gleichzeitig hohen Temperaturen - allen Pflanzen zur Verfügung gestellt werden. Das geschieht in der Natur bei jedem Gewitter. Wenn der Blitz mit hohen Temperaturen durch die Wolken zischt und die Wolken im Donner aufeinanderprallen, dann regnet es den aus der Luft gelösten Stickstoff als Dünger auf unsere Felder und Gärten nieder. Die meisten Gewitter haben wir in der Zeit von Mai bis Juli; das ist genau die Zeit, in der die Pflanzen den meisten Stickstoff benötigen.

Auf die gleiche Weise stellt die Industrie ihren Stickstoff her. Mit Hilfe von Wasserstoff wird der normale Luftstickstoff durch hohe Temperaturen bei hohem Druck aus der Luft gewonnen, an ein Granulat gebunden und dann als Dünger verkauft. Da der dafür benötigte hohe Druck und die hohen Temperaturen viel Energie kosten, bleibt die Frage offen, ob die Herstellung des Stickstoffdüngers aus der Luft sinnvoll ist. Um eine Tonne reinen Stickstoffs herzustellen, werden 1,1 Tonnen Öl, 1.200 m^3 Erdgas oder 300 kW Strom benötigt.

Dieser Stickstoff hat dazu beigetragen, dass in aller Welt Rekordernten eingebracht werden können. Ohne Stickstoff wäre das Problem des Hungers in der Welt sicher noch wesentlich größer. Je höher aber der Einsatz von Stickstoff, desto mehr Nitrate gelangen ins Grundwasser. Deshalb verwendet der Biologische Landbau diesen Stickstoff nicht, sondern versucht über betriebseigene Naturdünger wie Mist, Gülle, Jauche, Grünmasse, Leguminosen usw. genügend Stickstoff in den Boden zu bekommen.

Aber keine Pflanze kann Mist als solchen aufnehmen, sondern nur mineralische Dünger, die durch natürliche Verrottungsprozesse aus organischer Masse gewonnen werden. Wenn man schon fälschlicherweise von Kunstdünger spricht, dann hat das höchstens etwas mit der „Kunst" der Landwirte zu tun, den richtigen Dünger in der richtigen Menge zur richtigen Zeit der richtigen Pflanze zu geben. Denn durch Mineraldünger, insbesondere durch Stickstoff, lassen sich viel leichter größere Schäden anrichten, als mit organischem Dünger. Der organische Dünger baut nur sehr langsam ab und liefert den Pflanzen den Stickstoff in kleinen Mengen, so wie sie ihn benötigen.

Nun ist die Frage, ob der Stickstoff, den die Industrie herstellt, mehr Segen oder Fluch bedeutet. Mineralischer Stickstoff ist nämlich wasserlöslich und geht, wenn er nicht von den Pflanzen aufgenommen wird, leicht ins Grundwasser, wo er zur Nitratbelastung führt. Wissenschaftler haben berechnet, dass von 100 Kilogramm Stickstoff durchschnittlich nur 45 Kilogramm von den Pflanzen aufgenommen werden, während 55 Kilogramm in die Gewässer bzw. ins Grundwasser gelangen.

Das lässt sich am besten dadurch veranschaulichen, dass eine Pflanze etwa 500 Liter Wasser zum Transport ihrer Nährstoffe benötigt, um 1 Kilogramm Pflanzenmasse, d. h. Trockenmasse zu erzeugen. Wenn nun durch Überdüngung die 500 Liter Wasser mit zuviel Stickstoff angereichert werden, wirkt das auf die wachsende Pflanze wie eine

Zwangsernährung. Die Pflanze braucht zwar das Wasser dringend, aber nicht den Stickstoff. Wohin also mit dem hohen Stickstoffgehalt im Wasser?

Zunächst führt diese künstliche Zwangsernährung häufig zur Nitratanreicherung, insbesondere im Salat und im Gemüse. Das kann schlimme Folgen für unsere Gesundheit haben, denn Nitrat kann unter bestimmten Voraussetzungen - sowohl im tierischen als auch im menschlichen Organismus - zu Nitrit umgewandelt werden. Dieses Nitrit geht dann eine Verbindung mit dem roten Blutfarbstoff, dem sogenannten Hämoglobin ein, sodass es im Blut zu Schwierigkeiten beim Transport des Sauerstoffs zu den einzelnen Zellen kommt. Diese Störungen sind besonders für Säuglinge gefährlich. Bei akutem Sauerstoffmangel im Gehirn kann es sogar zu großen Schäden mit Todesfolge kommen. Diese Krankheit wird in der Fachsprache als „Blue Baby-Krankheit" oder Blausucht bezeichnet. Beim Erwachsenen können sich durch zuviel Nitrit in Verbindung mit Eiweißen, die wir täglich mit der Nahrung aufnehmen, die hochgiftigen und krebserregenden Nitrosamine bilden, die ebenso zur tödlichen Gefahr für unsere Gesundheit werden. Die Gefahrengrenze liegt für einen Erwachsenen bei etwa 300 bis 400 mg Nitrat pro Tag.

Obst nimmt im Gegensatz zu Blattgemüse so gut wie kein Nitrat auf. Dafür sorgt ein ungeschriebenes Naturgesetz, denn die Pflanze lagert das Zuviel an Nitrat nicht in der Frucht ab, in der sie durch den Samen überleben will, sondern in den Blättern, die sie im Herbst abwirft und damit ist sie den hohen Nitratgehalt zunächst wieder los. Bei Gemüse und Salaten essen wir aber nicht die Frucht oder den Samen, sondern die Blätter. [1]

Wenn zuviel Kalk, Phosphor oder Kali gestreut werden, ist das nicht ganz so tragisch wie beim Stickstoff. Diese Dünger sind nicht oder nur sehr schwer wasserlöslich und die Pflanzen holen sich nur ihren Bedarf. Das restliche Wasser können sie, anders als beim leicht löslichen Stickstoff, ohne diese Nährstoffe aufnehmen. Die verbleibenden Düngergaben im Boden werden auch nicht so schnell ausgewaschen, sondern bleiben als stille Reserve über Jahre erhalten.

Allerdings sollte man auch nicht vergessen, dass beim Düngen mit dem sogenannten Kunstdünger der Boden immer mehr verarmt. Schließlich wirkt jede mineralische Düngung auf das sensible organische Leben im Boden wie ein Schock und hat zunächst störenden Charakter. Zwar lassen sich durch die mineralische Düngung sowohl die

---

1) Gesund & fit, Band 4: Gemüse, Seite 15

Gesamtmenge als auch Inhaltsstoffe wie Eiweiße und Kohlenhydrate bei den meisten Pflanzen enorm steigern, die Qualität der Lebensmittel nimmt jedoch immer mehr ab.

Das natürliche Wachstum der Pflanzen wie auch das Reifen der Früchte ist ein so komplizierter Vorgang, dass eine Düngung mit nur drei oder vier Grunddüngern geradezu primitiv erscheinen muss. Die komplexen Wachstumsbedingungen und Nährstoffansprüche, die noch dazu für jede Kulturpflanze und jeden Bodentyp unterschiedlich sind, lassen sich nicht beliebig durch Kunstdünger aus Plastiksäcken ersetzen. Diese Leistung bringt ein gesunder Boden, der aus viel organischer Masse besteht und eine ungestörte Entwicklung für viele Milliarden Mikroorganismen gewährleistet. Nur solch ein Boden schafft eine dauerhafte Voraussetzung für eine reichhaltige Ernte von gesunden Lebensmitteln mit vielen lebenswichtigen Vitalstoffen, die für unsere Gesundheit und für unser Immunsystem von entscheidender Bedeutung sind.

In diesem Zusammenhang können wir sagen, dass uns der konventionelle Landbau von heute mehr an das „Bebauen des Gartens“ erinnert, während der biologische Landbau zugleich auch das „Bewahren des Gartens“ anstrebt, wie es auf den ersten Seiten der Bibel dem Menschen aufgetragen wird.

Bodennutzfläche weltweit

Weltweit gesehen können wir einen erschreckenden Verlust an fruchtbarem Ackerland feststellen. Mehr als ein Drittel der rund 1,5 Milliarden Hektar Ackerfläche unserer Erde sind heute gefährdet. Bedrohliche Ausmaße hat die Bodenerosion besonders in China und Afrika angenommen. So nimmt die Ernährungsfläche für die wachsende Menschheit weltweit dramatisch ab.

Konnten 1980 in den Entwicklungsländern pro Kopf der Bevölkerung noch 0,65 Hektar landwirtschaftlich genutzt werden, stehen heute nur noch 0,4 Hektar pro Kopf zu Verfügung. Mehr als 200 Millionen Menschen sind bereits mit dem Verlust nutzbarer Fläche konfrontiert. Mit Recht wurde auf der Bodenschutzkonferenz im August 1996 in Bonn gefordert, diesem Trend entschieden gegenzusteuern.

Insgesamt stehen von der gesamten Erdoberfläche nur noch 2,5 % als fruchtbares Ackerland zur Verfügung. Legt man diese Flächen zusammen, so ergibt das eine Fläche, die halb so groß wie

Afrika ist. Von dieser Nutzfläche muss die ganze Welt ernährt werden. Weltweit gesehen ist die fruchtbare Ackerkrume im Durchschnitt nur etwa 30 bis 40 Zentimeter stark. Wie wir wissen, hat unsere Erde einen Durchmesser von 12.000 Kilometern. Wenn wir uns diesen Durchmesser auf einen Globus von 60 cm reduziert vorstellen, wäre die fruchtbare Ackerkrume nur eine hauchdünne Folie von weniger als dem 100.000sten Teil eines Millimeters, und das nur auf einer Fläche von 2,5 % der gesamten Oberfläche.

Ackerboden ist zudem so gut wie nicht erneuerbar. Für nur einen Zentimeter neuen Ackerbodens durch Verwitterung braucht es eine Zeit von 2.000 bis 3.000 Jahren. Aber ein einziger Gewitterguss kann alles in wenigen Minuten wegspülen. Jährlich geht weltweit eine Fläche von etwa 15 Millionen Hektar Ackerboden für immer verloren. Die weltweiten Flächenverluste pro Jahr betragen aufgrund von Bebauung 8 Millionen Hektar; weitere 3 Millionen gehen durch Erosion, 2 Millionen durch Wüstenbildung und 2 Millionen durch Vergiftung verloren. Das ergibt insgesamt einen Flächenverlust von 15 Millionen Hektar pro Jahr.

Die Wüsten vergrößern sich etwa jedes Jahr um eine Fläche von der Größe Belgiens. Laut Berechnungen der UNO entsprachen die weltweiten Verluste an kultivierbarem Ackerland in den vergangenen 30 Jahren der gesamten Anbaufläche der USA. Die Schäden der Wüstenbildung beliefen sich auf jährlich 42 Milliarden Dollar. Von den 5,2 Milliarden Hektar Ackerfläche weltweit sind bereits 70 % durch Erosion und Austrocknung geschädigt. Experten schätzen, dass jährlich weitere 25 Millionen Tonnen wertvolle Bodenkrume für die Erzeugung von Nahrungsmitteln verloren gehen. Unmittelbar bedroht die Versteppung die Existenz von 135 Millionen Menschen. Wenn wir den Ausführungen der Studie glauben, gefährdet diese Entwicklung die Überlebensgrundlage von über einer Milliarde Menschen.

Wüsten wieder zurückzugewinnen und als fruchtbares Ackerland zu nutzen, ist fast unmöglich. In groß angelegten Entwicklungsprojekten hat man in mehreren Dürregebieten dieser Welt viele Milliarden Dollar ausgegeben, um die Wüsten wieder zu bepflanzen, doch mit wenig Erfolg. Das Geld war buchstäblich in den Sand gesetzt, währenddessen die Wüsten weiterwuchsen. Vom Propheten Jeremia lesen wir im Buch Jeremia, Kap. 12, in den Versen 10 und 11: „Viele Hirten haben meinen Weinberg verdorben, meinen Acker zertreten; sie haben meinen kostbaren Acker zur wüsten Einöde gemacht (…) Verödet trauert es vor mir. Das ganze Land ist verödet, weil niemand es zu Herzen nahm.“

Allein in Israel ist die Rückgewinnung von Wüsten in den vergangenen Jahren gelungen. Hier wurde aus Wüsten wieder brauchbares Ackerland und sogar Wälder wurden angepflanzt. Damit erfüllten sich die Verheißungen Gottes, in denen davon die Rede ist, dass die Wüste wieder fruchtbar werden soll. Im Buch Jesaja, Kap. 41, Vers 19 und 20 lesen wir dazu: „Ich werde Zedern in die Wüste setzen, Akazien, Myrten und Olivenbäume, werde Wacholderbäume in die Steppe pflanzen, Platanen und Zypressen miteinander, damit sie sehen und erkennen, es merken und verstehen allesamt, dass die Hand des Herrn dies getan und der Heilige Israels es geschaffen hat.“ Weiter heißt es in Kap. 43, Vers 20: „Die Tiere des Feldes werden mich ehren, Schakale und Strauße, weil ich in der Wüste Wasser gegeben habe, Ströme in der Einöde, um mein Volk zu tränken, mein auserwähltes.“

In Deutschland dagegen werden jede Sekunde 14 Quadratmeter Boden verbraucht. Das sind täglich über 120 Hektar. Davon werden nur wenige Flächen, wie das z. B. im Braunkohlebergbau geschieht, wieder regeneriert. Stattdessen vergrößert sich die verbrauchte Fläche derzeit jährlich um etwa 120 Quadratkilometer. Das entspricht ungefähr der Größe von Frankfurt.

Besonders in den östlichen Bundesländern sind durch jahrelange Misswirtschaft in der Landwirtschaft über 50 % der Böden erosionsgefährdet. In den westlichen Bundesländern sieht es nicht viel besser aus. Viele Böden sind mit sehr langsam abbauenden Schadstoffen belastet und werden uns noch über viele Jahre Probleme bereiten. So lässt sich z. B. bis heute in allen Weizenproben eines seit 18 Jahren voll biologisch arbeitenden landwirtschaftlichen Betriebes, das inzwischen längst verbotene Gift DDT nachweisen. Dies allein macht deutlich, wie schwierig es ist, die unerwünschten Schadstoffe wieder aus dem Boden herauszubekommen.

Getreide ist weltweit die wichtigste Grundlage für die menschliche Ernährung. Wo aber soll es in Zukunft geerntet werden, wenn die nutzbare Ackerfläche von Jahr zu Jahr kleiner wird? Der jährliche weltweite Verbrauch liegt jetzt schon bei etwa 1,9 Milliarden Tonnen. Um dieser enormen Nachfrage gerecht zu werden, müsste sich die Getreideproduktion in den nächsten 25 Jahren fast verdoppeln.

Doch obwohl wir diese Probleme kennen, schütten wir immer mehr von diese wertvollen Getreide in unsere Viehtröge, um der ständig wachsenden Fleischproduktion gerecht zu werden. Würden wir mehr Gras und Kräuter für die Fleischproduktion einsetzen, so wie es schon auf den ersten Seiten der Bibel gefordert wird[1] und auch der natürlichen Lebensweise der Tiere entsprechen würde, könnten bis zu 40 % der weltweiten Getreideernte jedes Jahr eingespart werden.

Deshalb empfiehlt uns die Bibel auch im 3. Buch Mose, Kap. 11, Vers 3 wie auch im 5. Buch Mose, Kap. 14, Vers 6 ausdrücklich das Fleisch von Tieren, die zu den Wiederkäuern gehören und gespaltene Hufen haben. Denn diese Tiere sind wie keine andere Tierart in der Lage, aus Gräsern und Kräutern hochwertiges Qualitätsfleisch zu erzeugen.[1] So werden Mensch und Vieh auch nicht zu gegenseitigen Nahrungskonkurrenten. Im Gegenteil. Durch den Dung der Tiere wird die Nahrungsgrundlage für den Menschen sogar noch verbessert. Aber nach den Regeln unserer modernen Marktwirtschaft ist eine Getreidemast wirtschaftlicher und das zählt heute leider mehr als der Hunger in der Dritten Welt.

Weitere große Mengen Getreide könnten der menschlichen Ernährung zugute kommen, wenn wir alle bereit wären, etwas weniger Fleisch zu essen, denn um 1 Kilogramm Fleisch zu erzeugen, werden

---

1) BSE Rinderwahnsinn - Menschenwahnsinn? Seite 23 ff.

- je nach Tierart - bis zu 10 Kilogramm Getreide benötigt. Fast 200 Millionen Tonnen der weltweiten Getreideernte gehen heute in die Fleischproduktion.[2)] Weniger Fleisch, dafür mehr Obst und Gemüse[3)] - das würde uns allen wieder mehr natürliche Gesundheit bringen und nebenbei viele unnötige Kosten im Gesundheitswesen ersparen.

Durch die steigenden Rohölpreise und die sinkenden Getreidepreise wird in den letzten Jahren auch immer mehr Weizen in modernen Heizungs-Anlagen verbrannt. Daraus gewinnen wir zusätzliche Wärme für unsere immer luxuriöser werdenden Häuser. An den Hunger in der Dritten Welt wird dabei offensichtlich nicht gedacht. Wir können es uns ja leisten. Bei den niedrigen Getreidepreisen und den hohen Ölpreisen ist das sogar wirtschaftlich. Wo aber bleibt hier die Mitmenschlichkeit? Wo die christliche Nächstenliebe?

Oder denken wir an die vielen Millionen Euro, die heute für Hunde- oder Katzenfutter ausgeben werden. In einigen Großstädten gibt es sogar schon Naturkostläden für die vierbeinigen Lieblinge. Wann in der Geschichte des Menschen hat sich

---

1) Gesund & fit, Band 5, Fleisch, Seite 26
2) Gesund & fit, Band 5, Fleisch, Seite 8
3) Vergleiche dazu auch Gesund & fit, Band 3, Obst und und Band 4, Gemüse

eine Generation je diesen fraglichen Luxus leisten können? Auch hier könnten Tausende Tonnen von Getreide und Fleisch eingespart und der hungernden Welt zur Verfügung gestellt werden. Stattdessen sind viele von uns heute bereit, mehr für ihren Vierbeiner auszugeben als für das Elend der Armen.

Man schätzt, dass die Weltbevölkerung bis zum Jahr 2025 von 6 Milliarden auf 8 Milliarden angewachsen sein wird. Das entspricht einer Steigerung von ca. 250.000 Menschen pro Tag und einer jährlichen Zuwachsrate, die beinahe der Gesamtbevölkerung Deutschlands entspricht. Dabei leiden bereits heute mehr als 820 Millionen Menschen an Hunger, darunter 170 Millionen Kinder, die in der Dritten Welt ein Fünftel der Bevölkerung ausmachen. An den Folgen des Hungers sterben jeden Tag 24.000 Menschen, die meisten davon sind Kinder unter fünf Jahren.

Es scheint paradox, ist aber leider bittere Realität, dass zur gleichen Zeit in den reichen Ländern jährlich Hunderttausende an den Folgen von Überernährung sterben. Ob der weise König Salomo solche Missstände vor Augen hatte, wenn er in Sprüche Kap. 30, Vers 13 und 14 schrieb: „Eine Generation - wie hochmütig ihre Augen und überheblich ihre Wimpern - eine Generation, deren

Zähne Schwerter sind und Messer ihr Gebiss, um wegzufressen die Elenden von der Erde und die Armen weg aus der Mitte der Menschheit ...?“

Schon allein die Lebensmittel, die in Haushalten, Schulen, Restaurants oder Geschäften kiloweise verschwenderisch weggeworfen werden - in den USA sind das jährlich 40 Milliarden Kilogramm - könnten die größte Not beseitigen. Hinzu kommt, dass fast eine Milliarde Menschen weder lesen noch schreiben können und 88 Millionen Kinder keine Chance haben, eine Schule zu besuchen. Von den mehr als 1,3 Milliarden Menschen, die in absoluter Armut leben, sind etwa 100 Millionen in den reichen Industrienationen zu Hause.

Ein weiteres weltweites Problem stellt das immer knapper werdende Trinkwasser dar. Zwar ist unsere Erde zu ca. 71 % mit Wasser bedeckt, davon sind jedoch nur etwa 0,03 % als Trinkwasser nutzbar. Da viele Schadstoffe über Jahrhunderte im Grundwasser bleiben, wird auch die Qualität dieses Grundwassers immer schlechter. Geradezu dramatisch entwickelt sich daher der Wassermangel. So leiden derzeit 1,4 Milliarden Menschen in mehr als achtzig Ländern unter akutem Wassermangel. Jeder fünfte Erdenbürger ist in seiner Gesundheit durch unsauberes Wasser gefährdet. Vorsichtigen Berechnungen zufolge würde es

mindestens 9 Milliarden Dollar kosten, allen Menschen Zugang zu Wasser und sanitären Einrichtungen zu verschaffen. Im Vergleich dazu geben wir Europäer jedes Jahr allein für Eiscreme schon mehr als 11 Milliarden Dollar aus.

Der Traum vom ständigen Wirtschaftswachstum

In den Jahren nach dem 2. Weltkrieg hatten wir in der Bundesrepublik Deutschland ein jährliches Wirtschaftswachstum von etwa 5 %. Durch die starke Konkurrenz, insbesondere aus den Billiglohnländern des fernen Ostens, lässt sich diese Steigerungsrate inzwischen nicht mehr halten, was dazu führt, dass die Arbeitslosigkeit seither immer weiter ansteigt. Dennoch können wir auf einen noch nie dagewesenen Wohlstand blicken, der es uns ermöglicht, dass wir uns viele Luxusgüter aus aller Welt leisten können. Die Zahl der neuen Millionäre steigt weiter. Vor etwa 50 Jahren hatte ein Familienvater, wenn er ein gutes Einkommen hatte, vielleicht ein bescheidenes Häuschen mit einem kleinen Gemüsegarten an sechs oder acht Kinder zu vererben. Heute gibt es Familien, die gleich mehrere Häuser oder die entsprechende Summe an Geld an ein oder zwei Nachkommen vererben können.

Dieser Wohlstand hat aber auch dazu geführt, dass heute etwa 18 % der Menschheit 80 % der Weltenergievorräte verbrauchen. Das Vermögen der drei reichsten Männer der Welt liegt höher als das Bruttoinlandsprodukt der 48 ärmsten Länder mit einer Bevölkerung von 600 Millionen Menschen. Experten schätzen, dass die Deutschen in den nächsten zehn Jahren rund 1,3 Billionen Euro an ihre Erben weitergeben werden. Das entspricht in etwa dem jährlichen Volkseinkommen der gesamten Bundesrepublik Deutschland. Wenn nur 1 % des zu vererbenden Geldes an humanitäre, gemeinnützige Einrichtungen ginge, zu denen auch Hilfs- und Missionswerke zählen, würde sich das jährliche Spendenaufkommen von derzeit rund 2,1 Milliarden Euro schlagartig um 60 % erhöhen.

Das private Vermögen der Deutschen wird auf 7 Billionen Euro geschätzt (Immobilien 3,55 Billionen Euro, Geldvermögen 2,6 Billionen Euro, Gebrauchsvermögen 0,85 Billionen Euro). Es liegt damit etwa zehnmal so hoch wie vor 20 Jahren. In anderen Industriestaaten sehen die Zahlen ähnlich aus. Verglichen mit den vielen Menschen in den armen Ländern dieser Welt sind wir also reich, weil wir in der Regel alles haben, was wir zum Leben brauchen, vieles sogar im Überfluss. Unsere

Sparkonten sind oft gut gepolstert, die Rente ist eingezahlt, in unseren Häusern befinden sich nicht nur Kühl- und Kleiderschränke, die überquellen, sondern auch Fernseher, Videogeräte, Stereoanlagen, Heimcomputer, Luxusautos, Hobby-Trimm-dich-Geräte und vieles dergleichen. Allein am Silvesterabend schießen wir jedes Jahr etwa 75 Millionen Euro für wenige Sekunden Lichterglanz als teure Feuerwerkskörper in den Nachthimmel.

Wenn wir Freunden oder Bekannten etwas zum Geburtstag oder zu Weihnachten schenken, so haben wir nicht das Problem, dass wir dafür keine wertvollen Geschenke fänden oder kaufen könnten, sondern dass wir bei der Fülle der Angebote meist nicht wissen, was wir schenken sollen. Denn etwas zu finden, was der andere noch nicht hat, ist zu einem echten Problem in unserer Überflussgesellschaft geworden.

Trotz dieses Überflusses sind über 90 % der Deutschen mit ihrem erreichten Lebensstandard nicht zufrieden. Im Gegensatz dazu muss jeder vierte Mensch mit weniger als umgerechnet 0,75 Euro pro Tag auskommen. Aus solchen Beispielen können wir schließen, dass der Mensch offensichtlich zu den Wesen gehört, die nie genug haben. Er häuft Güter an, ohne dass er je satt wird. Selten findet er die Muße, das wirklich zu genießen, was er sich zuerst mühevoll erworben hat.

Im Buch des Propheten Haggai, Kap. 1, in den Versen 6 und 9 lesen wir dazu: „Ihr habt viel gesät, aber wenig eingebracht; ihr esst, aber werdet nicht satt; ihr trinkt, aber seid noch durstig; ihr kleidet euch, aber es wird keinem warm; und der Lohnarbeiter erwirbt Lohn in einem durchlöcherten Beutel. Ihr habt nach vielem ausgeschaut, und siehe, es wurde wenig." Im Buch des Propheten Hosea, Kap. 4, Vers 7 und 10 wiederum lesen wir: „Je mehr sie wurden, desto mehr sündigten sie gegen mich. Sie essen, aber werden nicht satt werden."

Wirtschaftsutopisten wie die Begründer des Kommunismus hatten vor Jahrzehnten das Ziel, ihre Produktion so zu steigern und den Menschen so viele Waren anzubieten, dass sie eines Tages kein Geld mehr benötigen würden. Jeder, sagten sie, würde sich dann nur das nehmen, was er zum Leben braucht. Wir fragen uns heute, was diese Menschen für eine Vorstellung davon hatten, wieviel der Mensch von allem gebrauchen kann? Dazu lesen wir im Buch des Predigers, Kap. 5, Vers 9: „Wer Geld liebt, wird des Geldes nicht satt, und wer den Reichtum liebt, nicht des Ertrages."

In Meyers enzyklopädischem Lexikon finden wir die Überlegung, derzufolge ein jährliches Wirtschaftswachstum von 5 % in 14 Jahren die doppelte, in 28 Jahren die vierfache, in 42 Jahren die achtfache, in 56 Jahren die sechzehnfache und in 70 Jahren die zweiunddreißigfache Produktion pro Jahr ergibt. Es versteht sich von selbst, dass solche gewaltigen Produktionssteigerungsraten nicht nur eine Steigerung des Wohlstands bringen, sondern auch eine dementsprechende Steigerung beim Verbrauch der Weltrohstoffe und der Energievorräte. Doch je mehr Rohstoffe und Energievorräte verbraucht werden, desto größer werden die Umweltbelastungen, desto größer wird auch die Problematik der Umweltzerstörung und ihrer Folgen, mit denen wir inzwischen kaum noch fertig werden.

Ludwig Erhard, der als „Mister Wirtschaftswunder" in die Geschichte eingegangene Wirtschaftsminister der Bundesrepublik Deutschland, warnte schon 1956 davor, indem er sagte: „Es ist ein Irrglaube, dass es einem Volk möglich sein könnte, für alle öffentlichen und privaten Zwecke in allen Lebensbereichen des Einzelnen und der Nation mehr verbrauchen zu wollen, als das gleiche Volk an realen Werten erzeugt oder zu erzeugen gewillt ist."

Auch sind alle Rohstoffe und fossilen Energievorräte dieser Welt begrenzt, d. h. sie wachsen nicht nach. Wir wissen zwar nicht genau, wann diese Energievorräte und Rohstoffe aufgebraucht sein werden, aber mit Sicherheit ist das Tempo der Steigerung des Wirtschaftswachstums wesentlich daran beteiligt, wenn sie früher zu Ende gehen als erwartet.

Andererseits stehen wir im Bereich der Wirtschaft heute bereits vielfach vor dem drängenden Problem der Absatzschwierigkeiten. Wie oft hören und lesen wir davon, dass neue Absatzmärkte erschlossen werden müssen, weil die Wirtschaftsproduktion weiter gesteigert werden müsste. So lassen sich Wirtschaftsbosse für ihre Produktion immer wieder etwas Neues einfallen, um neue Absatzmärkte zu finden. Dabei ist nicht entscheidend, ob die produzierten Gegenstände wirklich gebraucht werden, sondern ob sie sich gewinnbringend verkaufen lassen.

Schon heute sind unsere Kaufhäuser gefüllt mit Gegenständen, die zwar gekauft, aber eigentlich gar nicht benötigt werden und infolgedessen oft nach kurzer Zeit wieder im Müll landen. Das hält zwar die Wirtschaft in Gang und sichert so manchen Arbeitsplatz, doch je höher diese sinnlose Produktion, desto größer die Belastung der Umwelt und die Ausbeutung der Rohstoffe. Im Bericht des „Club of Rome“ steht dazu der bemerkenswerte Satz: „Die Menschheit tut so, als ob sie eine zweite Erde in Reserve hätte.“

Jeder Bürger der Bundesrepublik Deutschland produziert heute im Laufe seines Lebens etwa 250 Tonnen Müll. Der Lebensraum, der jedem Bürger für seine Existenz zur Verfügung steht, beträgt - im statistischen Durchschnitt - 4.000 Quadratmeter. Würde man den Müll eines jeden Bürgers auf seine 4.000 Quadratmeter, die ihm zum Leben zur Verfügung stehen, verteilen, so ergäbe dies, bei einem Alter von 70 Jahren, eine 1 Meter hohe Mülldecke auf der gesamten Fläche, so der Zukunftsforscher Professor Millendorfer.

Trotz dieser erschreckenden Zahlen werden in unserer Zeit aber immer noch Produkte hergestellt, die eigentlich nicht notwendig wären. Doch weil auch diese Waren an den Mann gebracht werden müssen, werden geschulte Psychologen und Werbeexperten eingesetzt, die den Kunden durch raffinierte Werbetricks glaubhaft machen, dass sie die angepriesene „Ware“ dringend brauchen. Das geht verständlicherweise umso leichter, je mehr der zunehmende Persönlichkeitsverlust und der Verfall der inneren Werte in unserer Zeit zunimmt.

Besonders manipulierend wirkt auf viele Menschen die Fernsehwerbung. In wenigen Sekunden wird hier durch Bild und Ton eine Atmosphäre geschaffen, die beim Zuschauer den Eindruck hinterlässt, dass er den angepriesenen Gegenstand dringend braucht. Ehe er aber Zeit hat, darüber nachzudenken, steht schon die nächste hinreißende Werbung im Mittelpunkt. So wird ein Werbegegenstand nach dem anderen unverarbeitet in unserem Unterbewusstsein gespeichert. Wie wir inzwischen wissen, wird unser Kaufverhalten weitgehend von diesen unverarbeiteten Bildern aus dem Unterbewusstsein heraus bestimmt. Wieviel Geld wird wohl auf diese Weise leichtsinnig für unnötige, sinnlose Dinge ausgegeben?

Zumindest Christen sollten sich hier nicht verführen lassen, sondern den Mut haben, neue Maßstäbe zu setzen und das eingesparte Geld mit den Notleidenden dieser Welt zu teilen. Die beste Bank für Christen ist nämlich noch immer im Himmel. Wie wir im Matthäusevangelium Kap. 6, Vers 19 lesen, ist es die einzig wirklich sichere Anlage und wird von unserem Herrn Jesus selbst empfohlen. Irdischer Besitz wie Ländereien, Immobilien, wertvolle Gebrauchsgegenstände, teurer Schmuck oder auch jede Art von Wertpapieren und anderen Geldanlagen sind in der Ewigkeit völlig bedeutungslos. Da zählt nur, was einer auf Erden mit diesen Schätzen gemacht hat und nicht, wieviel ich für die ohnehin in guten Verhältnissen lebenden Erben angehäuft habe. Was wäre das für ein Zeugnis, wenn Christen in aller Welt gerade dadurch positiv auffallen würden.

Viele treue Christen geben den Zehnten ihrer Einnahmen für die Not der Welt. Das ist gut so und steht unter dem Segen Gottes. Dennoch haben die meisten, die das tun, noch kein wirkliches Opfer gebracht, weil sie ja nur von ihrem Überfluss gegeben haben, ohne dass dadurch ihr Lebensstil beeinflusst wurde. Viele handeln nach dem Wort aus dem Matthäusevangelium, Kap. 25, Vers 40, wo es heißt: „Wahrlich, ich sage euch, was ihr einem dieser meiner geringsten Brüder getan habt, habt ihr mir getan.“ Aber können wir bei dem, was wir in der Regel bereit sind zu geben, bereits von einem Opfer sprechen? Jedes wirkliche Opfer beginnt dort, wo um Jesu willen auf etwas verzichtet wird, was man sich eigentlich leisten könnte - wie z. B. auf einen teuren Urlaub oder ein neues Auto - und dieses eingesparte Geld dann dem Reich Gottes zur Verfügung gestellt wird. Nicht der ist groß im Reich Gottes, der etwas von seinem Überfluss gibt, sondern der, der seinen Überfluss um Jesu willen aufgibt.

Wie immer wir die Zukunft der Menschheit sehen mögen; ein ständiges Wirtschaftswachstum kann und wird es nicht geben, solange alles in dieser Welt durch Zeit und Raum begrenzt ist. Dieses Prinzip finden wir auch in der Natur. Alles in der Natur wächst, ist aber einmal ausgewachsen und baut dann wieder ab. Ein Baum kann sehr alt werden und Hunderte von Jahren ständig wachsen, aber einmal ist das Ende seines Wachstums erreicht. So hat das Sprichwort seine Gültigkeit, in dem es heißt: „Kein Baum wächst in den Himmel." Denn nirgends in der Natur gibt es ein ständiges Wachstum. Was wir finden, ist das Prinzip der Kreisläufe. Sowohl bei Tieren als auch bei Pflanzen können wir diese Kreisläufe beobachten. Dabei entsteht keine Umweltbelastung. Auch wird dabei kein Abfall produziert, der entsorgt oder endgelagert werden müsste. Abfälle der Natur werden zu lebensnotwendigen, wiederverwertbaren Stoffen, die in den Kreislauf der Natur zurückfließen. So wird der Abfall der Tiere zur Nahrung für das Bodenleben und die Pflanzen. Sauerstoff, der als Abfallprodukt beim Wachsen der Pflanzen entsteht, ist ein lebensnotwendiges Element für Mensch und Tier, deren ausgeatmetes Kohlendioxyd wiederum zur Grundlage für das Pflanzenwachstum wird.

In der Bibel finden wir dieses Prinzip der Kreisläufe auch auf den Menschen angewandt. „Im Schweiße deines Angesichts wirst du dein Brot essen“, heißt es im 1. Buch Mose, Kap. 3, Vers 19, „bis du zurückkehrst zum Erdboden, denn von ihm bist du genommen. Denn Staub bist du und zum Staub wirst du zurückkehren!“ Diesem Kreislauf ist in der Natur alles unterworfen. Abfälle in dem Sinne, wie wir es verstehen, produziert nur der Mensch. Sie sind leider immer umweltbelastend und sollten eigentlich vermieden werden. Würden wir dem Beispiel der Natur folgen, hätten wir keine Abfälle und somit auch keine Probleme mit ihrer Entsorgung.

Die einzige unerschöpfte Energiequelle außerhalb unseres Planeten, die den Kreislauf der Natur auf dieser Erde in Gang hält, ist die Sonne. Mit den unvorstellbaren Energiereserven der Sonne können Pflanzen durch komplizierte biochemische Prozesse über das Chlorophyll, den sogenannten grünen Pflanzenfarbstoff, in ihren Blättern Sonnenenergie in Pflanzenmasse umsetzen. Durch die Nahrungsaufnahme haben Menschen und Tiere Zugang zu dieser Energie. Dieser ständige Energiezufluss von außerhalb unseres Planeten ist schon deshalb nötig, weil die Energie, die Menschen und Tiere durch ihre Muskelkraft abgeben, verbraucht ist und nicht mehr in den Kreislauf der Natur zurückkehrt. Doch selbst das natürliche Wachstum der Tiere und Pflanzen, das von der Energie der Sonne gespeist wird, ist nie ein unendliches Wachstum. Es wird begrenzt durch den Tod und dadurch in seine Schranken verwiesen.

Im Gegensatz zu den Kreisläufen in der Natur, bei denen man z. B. auf die jährliche Ernte geduldig warten muss, können Rohstoffe das ganze Jahr über abgebaut werden. Was der Mensch in der industriellen Produktion daraus herstellt, sind meist aber leblose Güter aus anorganischen Stoffen, die nicht mehr in den Kreislauf der Natur zurückgeführt werden. Solche Produkte müssen später sehr oft deponiert werden. So zehren wir als Menschen nach und nach die Energie- und Rohstoffvorräte dieser Welt auf.

Diktiert vom Profitstreben des Einzelnen strebt jede Nation nach jährlichem Wirtschaftswachstum, das oft nur noch über weitere Rationalisierung erreicht werden kann. Je rascher diese Rationalisierung vorangetrieben wird, desto mehr Rohstoffe und Energie werden benötigt. Je mehr Energie und Rohstoffe verbraucht werden, desto größer wiederum wird die Umweltbelastung.

Wenn wir heute noch immer ein geringes Wirtschaftswachstum zu verzeichnen haben, dann nur deshalb, weil wir auf Kosten der Umwelt die Rohstoffe dieser Welt ausbeuten. Tatsächlich beuten wir aber nicht nur die Rohstoffe aus, sondern leben auch seit Jahrzehnten schon auf Kosten der Dritten Welt. Das geschieht mittlerweile nicht nur durch den Export der dort vorhandenen Rohstoffe, sondern auch dadurch, dass wir Güter aus diesen Ländern zu Billigpreisen einkaufen. Wir alle wissen, wie billig Handelsketten Textilien, Obst und andere Gegenstände aus den Entwicklungsländern für uns einkaufen. So kostet uns derzeit z. B. 1 Kilogramm Bananen zwischen 1 Euro und 1,50 Euro. Rechnen wir davon den Verdienst des Einzelhandels, des Großhandels, die Steuern, die Kosten für den weiten Transportweg, für Lagerung, Nachreife, Kühlung, Verteilung, Verlust usw. ab, lässt sich ausrechnen, was der Bauer, der sie angebaut hat, dafür noch bekommt.

Sojabohnen z. B. werden aus Südamerika importiert und unseren Schweinen in die Futtertröge geschüttet, weil wir gerne Schnitzel und Wurst essen möchten - und das in einem ungesunden Übermaß. Die besitzlosen südamerikanischen Arbeiter, die diese Sojabohnen anbauen und schwer arbeiten, kriegen dafür fast nichts. Weil sie selbst die von ihnen angebauten Sojabohnen gar nicht bezahlen können, kommt es vor, dass ihre eigenen Kinder an Eiweißmangel leiden, obwohl die Sojabohne als eines der eiweißhaltigsten Produkte gilt. Aber wer von uns denkt an solche Zusammenhänge, wenn er in ein saftiges Schweineschnitzel beißt? Diese Zusammenhänge aber sind Schuld daran, dass die Reichen der Welt immer reicher und die Armen immer ärmer werden. Denn es ist nun einmal ein ungeschriebenes Gesetz der Natur, dass immer dort, wo etwas auf der einen Seite hinzugefügt wird, es auf der anderen Seite weggenommen werden muss.

„Es ist sicher," sagte der frühere Bundeswirtschaftsminister Ludwig Erhard einmal, „dass wir unser Volk mit materiellem Wohlstand allein nicht glücklich machen können, und es kommt darauf an, neue Werte, neue Akzente, neue Inhalte der Wirtschaftspolitik oder besser des menschlichen Seins zu eröffnen. Das kann nur aus geistiger Disziplin erwachsen. Wenn wir heute die Volkswirtschaft nicht überfordern wollen, müssen wir lernen, auf Maße zu achten, um nicht in Maßlosigkeit zu verfallen."

Als Christen sollten wir beginnen, die Werte, die Gott in unser Leben hineingelegt hat, neu zu entdecken. „In ihm seid ihr in allem reich gemacht worden", lesen wir im 1. Korintherbrief, Kap. 1, Vers 5. Tatsächlich können wir umso leichter auf manchen vergänglichen Luxus dieser Welt verzichten, je mehr wir uns mit den ewigen Werten und dem göttlichen Reichtum beschäftigen. Im 2. Petrusbrief, Kap. 1, Vers 3 lesen wir, dass die göttliche Kraft uns „alles zum Leben und zur Gottseligkeit geschenkt hat." Je mehr wir uns diesen Gedanken öffnen, desto mehr werden wir die vergänglichen Dinge dieser Welt anders bewerten und desto deutlicher werden wir auch die Vorteile erkennen, die wir als Christen haben.

Wer hingegen die ewigen Werte gering schätzt und sich nur wenig um sie kümmert oder sie erst gar nicht kennt, verliert sich sehr schnell im Vergänglichen dieser Welt und im Überangebot unseres heutigen Wirtschaftssystems. Dazu finden wir im Matthäusevangelium, Kap. 6, Vers 19 bis 21 den bedeutenden Satz, in dem Jesus uns auffordert: „Sammelt euch nicht Schätze auf der Erde, wo Motte und Fraß zerstören und wo Diebe durchgraben und stehlen; sammelt euch aber Schätze im Himmel, wo weder Motte noch Fraß zerstören und wo Diebe nicht durchgraben noch stehlen! Denn wo dein Schatz ist, da wird auch dein Herz sein."

Als Christen sollten wir auch darüber nachdenken, ob wir nicht mehr von der im Neuen Testament geforderten Genügsamkeit und Bescheidenheit in unserem alltäglichen Leben praktizieren müssten. Dazu schreibt der Apostel Paulus im 2. Brief an die Korinther, Kap. 9, Vers 8: „Gott aber vermag euch jede Gnade überreichlich zu geben, damit ihr in allem allezeit alle Genüge habt und überreich seid zu jedem guten Werk.“ Im Römerbrief, Kap. 12, Vers 16, lesen wir dazu: „Seid gleichgesinnt gegeneinander; sinnt nicht auf hohe Dinge, sondern haltet euch zu den Niedrigen.“ Wer diese Erfahrung gemacht hat, wird wissen, dass wir als Menschen nicht immer alles haben müssen, was wir bekommen können. Ja, es wird sogar so sein, dass wir die Zufriedenen fast immer nur unter denen finden, die sich nie das Größte, Beste und Teuerste kaufen könnten.

„Die Gottseligkeit mit Genügsamkeit aber ist ein großer Gewinn; denn wir haben nichts in die Welt hereingebracht, sodass wir auch nichts hinausbringen können. Wenn wir aber Nahrung und Kleidung haben, so wollen wir uns daran genügen lassen. Die aber reich werden wollen, fallen in Versuchung und Fallstrick und in viele unvernünftige und schädliche Begierden, welche die Menschen in Verderben und Untergang versenken. Denn eine Wurzel alles Bösen ist die Geldliebe, nach der einige getrachtet haben und vom Glauben abgeirrt sind und sich selbst mit vielen Schmerzen durchbohrt haben.“ So schreibt der Apostel Paulus dem jungen Timotheus im 1. Timotheusbrief, Kap. 6, Vers 6 bis 10.

In vielen Bereichen ist diese Zufriedenheit sogar ein gewisser Schutz für unsere persönliche Gesundheit. Denn viele Angebote des täglichen Lebens schaden mehr als sie nützen. Zigaretten, Alkohol und zuckerhaltige Süßigkeiten z. B. oder alles, wovon wir zuviel essen und trinken, dient unserer Gesundheit nicht. Viele Kosmetika und Haarfärbemittel, deren Schadstoffe über die Haut in unseren Körper gelangen und damit unserer Gesundheit schaden, können sogar noch Jahre später in der Muttermilch nachgewiesen werden.[1)]

Oft sind es aber auch unsere teuren Hobbys, die schnell wechselnde Mode, der teure Schmuck, wie auch die großzügige Ausstattung unserer Häuser, die wir gar nicht unbedingt benötigen würden, obwohl wir sie auch als Christen haben dürfen. Im 1. Brief an die Korinther, Kap. 10, Vers 23 lesen wir dazu: „Alles ist erlaubt, aber nicht alles ist nützlich; alles ist erlaubt, aber nicht alles erbaut“. Sicher gilt hier auch das Wort aus

1) „Gesund & fit“, Band 6, Milch, Seite 64

dem 1. Brief an die Thesssalonicher, Kap. 5, Vers 21: „Prüft aber alles, das Gute haltet fest."

Denken wir daran, wie bescheiden Jesus und seine Jünger gelebt haben, wie reich, geisterfüllt und zufrieden sie waren, in welcher Vollmacht sie handelten und wieviel Segen sie der Menschheit dadurch hinterließen. Der Herr besaß, obwohl als König aller Zeiten in die Welt gekommen, nicht einmal ein bescheidenes Häuschen, geschweige denn einen Königspalast, der ihm zugestanden hätte. Im Lukasevangelium, Kap. 9, Vers 58 lesen wir, wie Jesus selbst dazu sagte: „Die Füchse haben Höhlen und die Vögel des Himmels Nester; aber der Sohn des Menschen hat nicht, wo er sein Haupt hinlegt."

Wenn wir neu beginnen, über die Schöpfung und die unendliche Größe und Weisheit unseres Gottes nachzudenken und über das, was er auf Golgatha für uns getan hat, werden wir auch die Zufriedenheit wieder neu entdecken, die zur Anbetung Gottes führt und eine neue Liebe zu seinem Wort in uns weckt. Wer sein Christsein ernst nimmt, wird sicher bald erkennen, dass Jesusnachfolge und persönlicher Lebensstil nicht voneinander zu trennen sind.

Zerstörung unserer Umwelt - und wir

In den Medienberichten hören wir heute sehr viel von Umweltzerstörung, Schadstoffbelastung, Müllbergen und zu Ende gehenden Rohstoffen. Trotzdem haben nur wenige von uns genaue Vorstellungen, was wir als Einzelne dagegen tun könnten. Tatsächlich ist es so, dass uns das entsprechende Wissen sehr oft fehlt. Dabei könnten wir sehr viel dagegen tun. Die Frage ist eigentlich nur, ob wir dazu bereit sind?

Wer z. B. denkt daran, wenn er seinen Garten mit prachtvollen ausländischen Blumen und Sträuchern bepflanzt, dass er damit der heimischen Fauna und Flora oft mehr schadet als nützt? Gott hat nicht nur alles nach seiner Art geschaffen, er hat auch jeder Pflanze und jedem Tier einen bestimmten ökologischen Raum zugedacht, in dem das Tier und die Pflanze ihrer Art entsprechend ihre Aufgaben erfüllen. Deshalb gehören in unsere Gärten heimische Arten und nicht solche, die auf einem anderen Kontinent ihren natürlichen Lebensraum haben.

Wer aber beachtet diese natürlichen Gesetzmäßigkeiten heute noch? Wer von uns würde sein Verhalten ändern, wenn er mehr von den Zusammenhängen wüsste? Welcher Autofahrer denkt z. B. bei seiner Fahrt daran, dass er durch die Abgase seines Autos vielen Schmetterlingen und anderen Insekten die Hochzeit verderben kann. Schmetterlinge finden ihren Partner durch Abgabe von Pheromonen, das sind Sexualduftstoffe, die wir als Menschen nicht wahrnehmen können.

Das Partnerinsekt, das vielleicht einige hundert Meter weit entfernt fliegt, vermag mit sehr sensiblen Sensoren die Pheromone des hochzeitswilligen Partners wahrzunehmen und fliegt, dem Duftstrom folgend, zu ihm hin. Die Zeit der Paarung ist von Natur aus auf nur wenige Tage im Jahr beschränkt. Ist diese kurze Zeit mit Abgasen stark belastet, werden die Partner sich nicht zur Hochzeit finden, weil die Abgase ihre Duftstoffe überbieten. Die Paarung wird also nicht stattfinden und die Menschen wundern sich, warum es immer weniger Schmetterlinge gibt.

Aber welcher Autofahrer würde darauf Rücksicht nehmen? Wer Spaß am Autofahren hat, bringt häufig kein Verständnis für Naturfreunde auf, die gegen den Bau von Straßen und Autobahnen in schützenswerten Regionen protestieren.

Schadstoffe in der Luft schaden nicht nur den Schmetterlingen, auch die nützlichen Spinnen sind stark davon betroffen. Wie wir wissen, gehört zum Leben der meisten Spinnen ihr Netz, das sie mit Hilfe ihrer Spinndrüsen sehr geschickt aus hauchdünnen Fäden herstellen. Damit ihre Beute leichter im Netz hängen bleibt, sind die einzelnen Fäden des Netzes mit feinsten Klebetröpfchen benetzt. Wenn nun die Luft stark mit Schadstoffen belastet ist, bleiben diese Schadstoffe leicht an den Klebetröpfchen der Spinnseide hängen. Nimmt die Spinne ihre Fäden wieder auf, um ihr Netz an einer anderen Stelle aufzubauen, nimmt sie auch alle darin hängen gebliebenen Schadstoffe mit auf. Da Spinnen sehr empfindlich auf Schadstoffe reagieren, bedeutet das oft ihren vorzeitigen Tod. Doch das, werden viele von uns nun denken, dürfte weiter nicht schlimm sein. Schließlich mögen viele Menschen diese Krabbeltiere mit ihren langen Beinen ohnedies nicht.

Aber auch Spinnen haben in Gottes Schöpfung einen wichtigen Auftrag zu erfüllen. Wie nützlich sie sind, zeigt uns eine wissenschaftliche Hochrechnung, die Spezialisten am Computer erstellt haben. In dieser Studie wird gezeigt, dass in Deutschland die Spinnen jährlich eine solche Menge an Ungeziefer vertilgen und damit auch deren Nachkommenschaft in mehreren Generationen verhindern, dass diese Menge dem Gewicht aller Bundesbürger zusammen entsprechen würde. Eine unvorstellbare Leistung, wenn man bedenkt, wie viele Mücken und Fliegen man sammeln müsste, um das Gewicht eines gut genährten Bundesbürgers aufzuwiegen. An dieser Hochrechnung wird deutlich, wie nützlich unsere Spinnen sind und wie wichtig ihre Aufgabe ist. Gäbe es keine Spinnen, könnten wir uns vor lauter Ungeziefer bald nicht mehr retten.

Inzwischen laufen nicht nur Erwachsene sondern auch viele Schulkinder bereits mit einem eigenen Handy herum. Wer aber von ihnen denkt daran, dass durch diesen Handyboom das Leben der Gorillas bedroht wird? Denn mitten im Lebensraum der Gorillas im afrikanischen Urwald bauen Tausende Bergarbeiter in illegalen Minen das für die Handyproduktion benötigte Material Columbit-Tantalit ab, und zerstören damit einen der letzten Lebensräume der frei lebenden Gorillas.

So könnten wir noch viele Beispiele anführen, die alle beweisen, wie sehr unser Lebensstil davon geprägt ist, dass wir unsere Umwelt zerstören und gleichzeitig auf Kosten der Dritten Welt leben. Das Abholzen der Tropenwälder, die als die grüne Lunge der Welt gelten, geht noch heute unvermindert weiter. Vor 150 Jahren waren 12 % der Landfläche unserer Erde tropische Regenwälder. Heute sind es nur noch knapp 6 %. Trotzdem werden nach dem jüngsten Waldbericht der UN im Schnitt jährlich weitere 11,3 Millionen Hektar Wald zerstört. Das entspricht in drei

Jahren einer Fläche, die etwa so groß ist wie ganz Deutschland.

Die Ozonschicht, die unsere Atmosphäre vor den nicht ungefährlichen UV-Strahlen schützt, wird von Jahrzehnt zu Jahrzehnt dünner, die Löcher an Süd- und Nordpol größer, während der Ozongehalt in unserer Atemluft bereits gefährlich hohe Grenzwerte erreicht. Steigende Temperaturen lassen das Eis an Nord- und Südpol weiter schmelzen. In den letzten Jahren war der Verlust an Eis in der Antarktis etwa viermal so hoch wie der Zuwachs durch vermehrten Schneefall. Die Polar-Eisschicht ist heute um 40 % dünner als vor 50 Jahren. Sie ist durchschnittlich nur noch 2,10 Meter dick und schrumpft jährlich um weitere zehn Zentimeter.

Wenn diese riesigen Eismassen und Gebirgsgletscher erst einmal zu schmelzen beginnen, wird der Wasserspiegel der Weltmeere bedeutend ansteigen. Wir müssen damit rechnen, dass diese Entwicklung, wenn sie nicht gestoppt werden kann, weltweit zu katastrophalen Überschwemmungen führen wird. Das wiederum wird dazu führen, dass ganze Länder und Inseln durch die Wassermassen der Weltmeere gefährdet sein werden. Wie das Earth Policy Institute erst kürzlich berichtete, werden alle 11.000 Einwohner des Insel-Staates

Tuvalu in der Südsee wegen des steigenden Wasserspiegels ihre Heimat für immer verlassen müssen. Alle neun Inseln Tuvalus versinken nach und nach im Meer.

Ebenso wird sich das Wetter verändern. Es wird zu immer extremeren Temperaturanstiegen und Abkühlungen kommen. Dadurch sind Stürme, große Überschwemmungen, extreme Trockenperioden und andere Naturkatastrophen sowie die Zunahme verschiedener Krankheiten vorprogrammiert.

„Die Zahl der Naturkatastrophen", so heißt es in einem Bericht aus dem Jahre 1997, „nimmt Jahr für Jahr zu. In den letzten 30 Jahren haben sie sich verfünffacht." Wie die Münchner Rückversicherungsgesellschaft meldet, kamen im Jahr 2001 bei 600 größeren Versicherungsfällen weltweit 11.000 Menschen ums Leben. 200 schwere Stürme, 170 Überschwemmungen, 50 Erdbeben, 30 Vulkanausbrüche und 150 andere Ereignisse wie Waldbrände, Dürren, Hitze- und Kältewellen, Erdrutsche und Lawinen waren Ursache dafür. Als Grund nennen die Versicherungsexperten Umwelt- und Klimaveränderungen. Die von den Versicherungen zu ersetzenden Schäden waren schon 1996 mit 45 Millionen Euro 15 mal so hoch wie in den 60er Jahren. Internationale Studien zeigen, dass diese globalen Veränderungen wesentlich schneller fortschreiten als bisher angenommen.

Kläranlagen, Rauchgasentschwefelung, Katalysatoren, bleifreies Benzin, Mülltrennung, Verbote von einigen gefährlichen chemischen Stoffen und neue Verschärfungen der Gesetze zum Schutz der Umwelt - all das hat manche Verbesserung gebracht. Viele Flüsse sind wieder sauberer geworden. Die Luft an Rhein und Ruhr ist heute bedeutend klarer als noch vor wenigen Jahren. Der Einsatz von Chemie in der Landwirtschaft ist rückläufig. Viele Spritzmittel, die noch vor einigen Jahren eingesetzt wurden, sind inzwischen wegen ihrer Gefährlichkeit verboten. Dank vieler Verbesserungen haben sich auch unsere Wälder wieder etwas erholt. Der Einsatz von Naturschutzverbänden hat dazu geführt, dass neue Biotope eingerichtet und damit neue Lebensräume für Pflanzen und Tiere geschaffen wurden. Schützenswerte Landschaften wurden zu Naturschutzgebieten erklärt. Auch wurde fleißig Aufklärungsarbeit betrieben, sodass heute das allgemeine Umweltbewusstsein in der deutschen Bevölkerung gestiegen ist.

So sind, lokal gesehen, viele gute Ansätze zur Verbesserung der Umwelt zu erkennen, weltweit allerdings werden die Probleme ständig größer.

Atemwegserkrankungen wie Asthma, Bronchitis und Husten nehmen weltweit so stark zu, dass Forscher schätzen, dass die Zahl der Menschen, die an Luftverschmutzung sterben, sprunghaft ansteigen wird.

Diese globalen Umweltprobleme werden sich noch verstärken, wenn auch die Menschen in den armen Ländern denselben hohen Lebensstandard fordern, wie er für uns seit vielen Jahren selbstverständlich ist. Gar nicht vorstellbar, wie es auf dieser Erde aussehen wird, wenn einmal Milliarden von Menschen aus den unterentwickelten Ländern unseren Lebensstandard erreicht haben werden, indem sie ihre eigenen Autos fahren, einen Kühlschrank und eine Klimaanlage und viele andere Dinge haben werden, die für uns inzwischen selbstverständlich sind.

Wenn allein schon jeder Einwohner Chinas zwei Eier pro Woche mehr essen würde, würde China die gesamte deutsche Erntemenge von Weizen, Roggen und Körnermais zusätzlich als Hühnerfutter benötigen. So lange der hohe Lebensstandard nur unsere westlichen Länder betrifft und nicht den Rest der Menschheit, wird unser Planet das für eine gewisse Zeit verkraften. Doch wie sagte der Afrikaner Ali Harbou, Mitglied des „Club of Rome“, im Jahr 1993: „Wir werden kommen, wenn nötig mit Gewalt." In der weltweiten Flucht zu den reichen Industrienationen hin, wie wir sie heute erleben, können wir ein erstes Anzeichen dafür erkennen, dass diese Vision des Afrikaners beginnt, Wirklichkeit zu werden.

Gottes Auftrag an den Menschen

Alles Leben auf dieser Erde läuft nach gewissen Naturgesetzmäßigkeiten ab. Dabei setzt in der Natur sehr oft das eine das andere voraus und kann nur in dieser Abhängigkeit leben. Wir erkennen von diesen inneren Zusammenhängen oft nur einen winzig kleinen Teil. Wer jedoch beginnt, einzelne Teile aus dem komplexen Gesamtzusammenhang herauszulösen, wird über kurz oder lang erfahren, dass er dadurch zerstörerisch wirkt. Im 1. Brief des Paulus an die Korinther, Kap. 13, Vers 9 lesen wir davon, dass unser Erkennen immer nur Stückwerk ist. Tatsächlich werden wir immer nur Bruchstückhaftes von der unendlichen Schöpfungsweisheit Gottes erkennen. Daran wird sich - trotz allen Fortschritts - auch in der Zukunft nicht viel ändern.

Es gibt viele Gesetzmäßigkeiten in der Natur. Doch stellen sich diese Gesetzmäßigkeiten in der Natur immer wieder anders dar. So erleben wir zwar jedes Jahr Frühling, Sommer, Herbst und Winter, aber jedes Jahr etwas anders. Zwar bringt der Garten jedes Jahr Blumen hervor und die Bäume tragen in der Regel jedes Jahr ihre Früchte, doch jede Blüte ist einzigartig und kein Apfel gleicht exakt dem anderen.

Hier wird etwas von der unwahrscheinlichen Vielfältigkeit des schöpferischen Geschehens deutlich. Gottes Schöpfung ist vielfältiger, als wir es uns vorstellen können. Wer sich damit beschäftigt, kommt immer wieder neu ins Staunen. Im Brief an die Römer, Kap. 11, in den Versen 33 und 34 schreibt der Apostel Paulus: „O Tiefe des Reichtums, sowohl der Weisheit als auch der Erkenntnis Gottes! Wie unerforschlich sind seine Gerichte und unaufspürbar seine Wege! Denn wer hat des Herrn Sinn erkannt oder wer ist sein Mitarbeiter gewesen?"

Wie uns die Bibel sagt, war der erste Lebensraum des Menschen der Garten Eden - das Paradies. Darin lebten Adam und Eva in inniger Gemeinschaft mit Gott. Von ihm hatten sie den Auftrag, den Garten zu bebauen und zu bewahren. Diesen Auftrag hat Gott bis heute nie zurückgenommen. Aber es heißt dort: „Bebauen und Bewahren". Die Begriffe gehören zusammen, denn es handelt sich hier um einen Auftrag mit zwei verschiedenen

Ausführungsbereichen. Die beiden Bereiche gehören nicht nur vom Auftrag, sondern auch von der Notwendigkeit her zusammen. Wer nicht bewahrt, wird irgendwann auch nicht mehr bebauen.

Gott will, dass der Mensch das Land bebaut. Das haben Menschen auch zu allen Zeiten getan. Von daher waren die meisten Menschen früher im wahrsten Sinne des Wortes „Bauern“, die das Land bebauten und bewahrten. Doch von den vielen Kleinbauern von einst sind heute nur noch wenige Landwirte übriggeblieben. Diese Landwirte wiederum sind mit ihren Großbetrieben im wahrsten Sinne des Wortes „Landwirte“, die wie Geschäftsleute ihre Betriebe bewirtschaften. Was zählt, ist oft nur noch der Gewinn. Der Überlebenskampf ist hart geworden. Da bleibt wenig Zeit für ein bewahrendes Bebauen.

Wie Prof. Dr. Hartmut Vogtmann von der Gesamthochschule Kassel schreibt, wird die Biologie des Bodens inzwischen weitgehend durch Chemie und Technik ersetzt. Dagegen war die Landwirtschaft früher eine Lebensform, die einen schonenden Umgang mit der Natur zumindest anstrebte. Heute muss mit spitzem Bleistift gerechnet werden, ganz nach dem Motto: Wachsen oder Weichen.

Zwar versucht der Gesetzgeber durch strenge gesetzliche Auflagen, Umweltbelangen Rechnung zu tragen, doch das geschieht leider nur unzureichend und ist in der Praxis nur sehr schwer durchführbar.

Interessant ist auch, wie die Einstellung des Landwirts bereits in seiner Sprache zum Ausdruck kommt. Da ist - obwohl es sich um lebende Geschöpfe aus der Natur handelt - von einer Tier- und Pflanzenproduktion die Rede, als ob man Tiere und Pflanzen wie Plastikgegenstände am Fließband produzieren könnte. Wogegen heute in der Industrie, also bei der Produktion lebloser organischer Güter, von einem Wirtschaftswachstum gesprochen wird. Je weiter der Einsatz der Technik in der Landwirtschaft voranschreitet und Viehhaltung wie auch Ackerbau dadurch industrialisiert werden, desto weniger werden die Menschen Verständnis für die Bedürfnisse der Natur aufbringen und desto seltener werden die Entscheidungen zu Gunsten der Natur ausfallen.

Ein Bauer, der noch auf eigenen Füßen hinter dem Pflug herlief und dabei den Boden ständig riechen und sehen konnte, oder immer wieder mal etwas Erde in die Hand nahm, um die Gare zu prüfen, hatte nun einmal ein ganz anderes Verhältnis zu seinem Grund und Boden als der moderne Landwirt, der auf einem High-Tech-Bulldog mit 150 PS und großen Rädern zwei Meter hoch in einer geschlossenen Kabine sitzt und mit Kopfhörern auf den Ohren über den Acker fährt. Gleiches gilt für den Bauern, der auf dem Melkschemel neben seiner Kuh saß und sie mit eigenen Händen gemolken hat. Auch er hatte eine ganz andere Beziehung zu dieser Kuh als der moderne Landwirt, der im hochtechnisierten Melkstand wie am Fließband mehrere Kühe gleichzeitig melkt.

An dieser Misere ist aber wiederum nicht der Landwirt schuld. Vielmehr sind wir als Verbraucher diejenigen, die in der freien Marktwirtschaft entscheiden, welche Produkte der Landwirt produziert und auf welche Weise er dabei vorgeht.

Heute ist es mit der Naturverbundenheit und Freiheit des ländlichen Berufsstandes längst vorbei. Der Bauer ist Opfer der modernen Agrarindustrie geworden, in der Mensch und Tier zu Produktionsmaschinen degradiert wurden. Der einst „freie Bauer“ wurde zum Knecht, dessen Kuh zum Milchlieferanten, dessen Huhn zum Eierproduzenten und dessen Schwein zum Fleisch- und Wurstlieferanten wurde. Darin spiegelt sich nicht nur das Denken unserer Zeit wieder. Es ist auch ein Ausdruck einer immer mehr um sich greifenden Gottlosigkeit. Von echter Naturverbundenheit und Ehrfurcht vor dem Schöpfer ist in der Landwirtschaft von heute nur noch wenig zu merken. „Ohne Gott und

Sonnenschein bringen wir die Ernte ein.“ Dieses geflügelte Wort der Kommunisten in der ehemaligen DDR bringt es auf den Punkt. Wir wissen, was daraus wurde.

Dagegen bezeugt die Schöpfung in ihrer ganzen Fülle noch bis heute, dass es einen Schöpfer gibt, der alles ins Dasein gerufen hat. So wie jede Uhr ein Zeugnis dafür ist, dass es einen Uhrmacher geben muss und jedes Gemälde auf seinen Maler hinweist, bezeugt die Schöpfung, dass es einen Schöpfer geben muss, der alles ins Dasein gerufen hat. Dazu lesen wir im Brief des Paulus an die Römer, Kap. 1, in den Versen 19 und 20: „Gottes unsichtbares Wesen, sowohl seine ewige Kraft als auch seine Göttlichkeit, wird seit Erschaffung der Welt in dem Gemachten wahrgenommen (d. h. mit dem Verstand begriffen oder erkannt) und geschaut, damit sie ohne Entschuldigung seien.“

Der Reformator Dr. Martin Luther sagte: „Alle Tiere und Kreaturen sind geschaffen, dass wir an ihnen lernten, Gott zu erkennen und zu fürchten.“ Und an einer anderen Stelle heißt es: „Wer Gott erkennt, der erkennt auch die Kreatur, versteht sie und hat sie lieb, denn in der Kreatur sind die Fußspuren der Gottheit.“ Blaise Pascal, der große Mathematiker, sagte einmal: „Alle Dinge tragen ein

Geheimnis in sich. Alle Dinge sind ein Schild, hinter dem sich Gott verbirgt." Im Johannesevangelium, Kap. 4, Vers 24 lesen wir davon, dass die gesamte Schöpfung wie ein Spiegel Gottes ist und von der Herrlichkeit Gottes zeugt. Im Buch Hiob heißt es in Kap. 12, in den Versen 7 bis 9: „Aber frage doch das Vieh, und es wird es dich lehren, oder die Vögel des Himmels, und sie werden es dir mitteilen, oder rede zu der Erde, und sie wird es dich lehren, und die Fische des Meeres werden es dir erzählen! Wer erkennt nicht an all diesem, dass die Hand des Herrn dies gemacht hat?"

Tatsächlich ist jede Blume, jeder Käfer, jeder Schmetterling, jeder Vogel oder Fisch im Wasser ein lebendiger Beweis der Existenz Gottes. Allerdings zeigt Gott in seinen Werken immer nur so viel von sich, dass wir glauben können, aber nicht zwangsläufig glauben müssen. Darin liegt das Geheimnis des Glaubens. Gott sucht den Menschen, der ihn aus Liebe anbetet, möchte aber nicht, dass wir ihn zwangsweise anbeten. Der Adel des Menschen liegt in seinem freien Willen. So ist es allein unsere Entscheidung, ob wir uns für oder gegen Gott entscheiden.

Im 19. Psalm schreibt König David sehr eindrucksvoll: „Die Himmel erzählen die Herrlichkeit Gottes und das Himmelsgewölbe verkündet

seiner Hände Werk. Ein Tag sprudelt dem anderen Kunde zu, und eine Nacht meldet der anderen Kenntnis - ohne Rede und ohne Worte, mit unhörbarer Stimme. Ihr Schall geht aus über die ganze Erde und bis an das Ende der Welt ihre Sprache."

Heute jedoch sind viele Menschen gezwungen, sehr unnatürlich zu leben. Sie wohnen in den Betonsilos der Großstädte, fahren täglich mit ihren Autos aus Blech und Plastik über asphaltierte Straßen zur Arbeitsstelle, wo sie in Hallen aus Stein, Blech und Plastik wieder den ganzen Tag mit leblosen Dingen zu tun haben. Auf dem Nachhauseweg stehen sie dann im Stau oder fahren am Supermarkt vorbei, kaufen dort vorgefertigte und denaturierte Lebensmittel, fahren zurück in die Wohnung und verbringen den Rest des Tages vor dem Fernseher oder Heimcomputer. Selbst die Dekorationsfrüchte in der Schale auf dem Tisch, die Blumen auf der Fensterbank und der Kanarienvogel im Käfig sind aus buntem Plastik, denn das macht sie pflegeleicht.

Wo bleibt in solch einer Gesellschaft der Bezug zur Schöpfung? Wer lebt hier noch naturnah, um etwas von der ewigen Schöpfungskraft Gottes in der Natur zu entdecken? Wer hat noch Zeit und Muße, um über die Schönheit der Schöpfung nachzudenken? Wer entdeckt noch den Schöpfer in seinen Werken?

Aber gerade diese Loslösung des Menschen aus seinem natürlichen schöpfungsgemäßen Lebensraum ist das Ziel des Teufels. Das begann bereits im Paradies, aus dem der Mensch wegen seiner Sünde vertrieben und somit auch von der innigen Gemeinschaft mit seinem Schöpfer getrennt wurde, wie wir es im 1. Buch Mose, Kap. 3, Vers 22 bis 24 lesen.

Als Christen wissen wir, dass seit dieser Zeit die ganze Menschheit verloren ist und ohne Gemeinschaft mit dem lebendigen Gott lebt, weil Gottes Heiligkeit und die Sünde des Menschen sich so wenig vertragen wie Feuer und Wasser. Je weniger wir nun von der göttlichen Schöpfungskraft in der Natur erkennen, desto leichter hat es der Teufel, sein zerstörerisches Werk in uns fortzusetzen und desto mehr werden wir selbst zu Zerstörern dieser Schöpfung.

Dazu sagte Adolf Schlatter, der bekannte Christ und Prediger einmal: „Wo begriffen ist, dass Gott die Natur erschaffen hat und noch erhält, wird man ihr nicht mehr feindlich gegenüber stehen." Tatsächlich ist es oft so, dass wir das, was wir nicht kennen, in der Regel auch nicht bewahren, weil wir es nicht kennen. Was wir hingegen kennen und lieben, werden wir auch ehren und schützen. So ist es auch in unserem Verhältnis zu Gott. Wie soll jemand, der den Schöpfer nicht kennt, ihn respektieren? Wer Gott nicht liebt, wird ihn nicht ehren. In der Apostelgeschichte, Kap. 17, in den Versen 24 und 25 lesen wir davon, dass „der Gott, der die Welt gemacht hat und alles, was darin ist, er, der Herr des Himmels und der Erde, (...) da er selbst allen Leben und Odem und alles gibt," sich in seiner Schöpfung nicht unbezeugt gelassen hat, „indem er Gutes tat und euch vom Himmel Regen und fruchtbare Zeiten gab und euer Herz mit Speise und Fröhlichkeit erfüllte."

Nun ist es aber so, dass die ganze Schöpfung zwar bezeugt, dass es Gott gibt, uns aber nicht sagt, wie wir diesen Gott finden und anbeten können. Dafür hat der Schöpfer uns sein Buch - die Heilige Schrift - gegeben. Sie allein zeigt uns, wie wir Gott finden und anbeten können. Das wird schon im 19. Psalm deutlich, wo wir im ersten Teil das Zeugnis der Schöpfung finden, dass es Gott gibt. Im zweiten Teil aber wird auf die Gesetze und die Gebote hingewiesen, auf die Vorschriften und Rechtsbestimmungen des Herrn. So bezeugen uns die Himmel die Herrlichkeit und Allmacht Gottes, erzählen uns aber nichts von dem Heilsplan Gottes, nichts von der Erlösung durch den Sohn Jesus Christus. Die Natur gibt uns lediglich einen Beweis der Existenz Gottes. Das Wort aber schenkt uns Orientierung.

Das zu betonen ist wichtig, um damit aller Naturverehrung, Naturmystik und allen Naturreligionen entgegenzutreten. Die Schöpfung ist nicht Gott, sondern sein Werk. Deshalb gehört alle Ehre und Anbetung nicht dem Werk, sondern dem Schöpfer! Der Schöpfer ist immer größer und erhabener als sein Werk! Jedes Anbeten von Sternen, jedes Sehen von Geistern in Baumwurzeln, ein Verneigen vor Mutter Erde, das Umarmen und Küssen von Bäumen oder das Reden von der Blume als Schwester bis hin zum Segnen und Taufen von Tieren in Gottesdiensten ist abzulehnen. Dieses esoterische Gedankengut ist vor allem deshalb Gotteslästerung, weil es den wahren Gott ablehnt und stattdessen die Natur zum unpersönlichen Ersatzgott erhebt. Damit wird der ewige Gott gegen die vergängliche Natur eingetauscht. Das erhellt nicht den Weg zum ewigen Schöpfer, sondern verdunkelt ihn.

In der Bibel wird Christus immer wieder als der absolute Herr seiner Schöpfung beschrieben. Wenn der Herr sich zurückzieht, bricht alles zusammen, denn alles besteht durch ihn und wird durch das Wort seiner Macht getragen. Dazu gibt es beeindruckende Aussagen in der Bibel, so z. B.

BIBEL im Buch der Offenbarung, wo der erhöhte Herr selbst sagt: „Ich bin das Alpha und das Omega, spricht der Herr, Gott, der ist und der war und der kommt, der Allmächtige." In den Versen 17 und 18 lesen wir die Worte Jesu Christi: „Ich bin der Erste und der Letzte und der Lebendige." Im Brief des Paulus an die Hebräer, Kap. 1 heißt es in den Versen 2 und 3: „Am Ende dieser Tage aber hat er, Gott, zu uns geredet im Sohn, den er zum Erben aller Dinge eingesetzt hat, durch den er auch die Welten gemacht hat; er, der Ausstrahlung seiner Herrlichkeit und Abdruck seines Wesens ist und alle Dinge durch das Wort seiner Macht trägt." Im Brief des Paulus an die Kolosser, Kap. 1, heißt es in Vers 15 bis 18: „Er ist das Bild des unsichtbaren Gottes, der Erstgeborene aller Schöpfung. Denn in ihm ist alles in den Himmeln und auf der Erde geschaffen worden, das Sichtbare und das Unsichtbare, (...) alles ist durch ihn und für ihn geschaffen; und er ist vor allem, und alles besteht durch ihn (…) damit er in allem den Vorrang habe." Gleiches lesen wir auch im Brief des Paulus an die Römer, Kap. 11, Vers 36, wo es heißt: „Denn aus ihm und durch ihn und zu ihm hin sind alle Dinge! Ihm sei die Herrlichkeit in Ewigkeit!"

Welch einen allmächtigen Herrn zeigen uns diese Verse in der Bibel! Sollte da nicht jeder, der diesen

Herrn respektiert, auch seine Werke respektieren? Denn echter christlicher Glaube ist immer auch Schöpfungsglaube und fordert Schöpfungsverantwortung. Leider sind sich viele Christen dessen nicht immer bewusst. Gott liebt aber den Kosmos, d. h. die ganze Welt, nicht nur den Menschen; so heißt es im Johannesevangelium, Kap. 3, Vers 16. Wieviel mehr sollten wir als seine Kinder die Schöpfung lieben und dem Herrn der Schöpfung dafür Ehre erweisen!

Wenn der Sohn Gottes, wie es im Brief des Paulus an die Kolosser, Kap. 1, Vers 18, heißt, „in allem den Vorrang haben soll", müssen dann nicht auch alle Angelegenheiten, die sein Reich betreffen, den Vorrang haben? Das heißt praktisch: Zuerst die Verkündigung der Botschaft Jesu und der Bau seiner Gemeinde, dann aber auch der Schutz der Umwelt. Viele haben heute aus lauter Sorge um die Schöpfung den Herrn der Schöpfung vergessen. Sie setzen sich aufopfernd für den Umweltschutz ein, vergessen aber, dass sie Zeugen Jesu sein sollten.

Der Aufruf Jesu, der ganzen Schöpfung das Evangelium zu predigen, wie es im Markusevangelium, Kap. 16, Vers 15, heißt, sollte hingegen nicht als Aufruf zum Umweltschutz missverstanden werden. Leider wird in unseren Kirchen heute viel von der Bewahrung der Schöpfung geredet, während nur wenige sich Gedanken darüber machen, wie sie den Nächsten mit dem Evangelium erreichen können. Das geht am biblischen Auftrag vorbei. Wenn junge Christen in bester Absicht bei allen Demonstrationen zur Erhaltung der Umwelt dabei sind und dafür viel Kraft einsetzen, aber für die Belange der Gemeinde keine Verantwortung wahrnehmen, so ist das nicht nach dem Wort Gottes. Der erste Auftrag der Christen in dieser Welt ist nicht, die Umwelt zu schützen, sondern das Evangelium zu verkünden. Auch wenn unser ganzes Leben Ausdruck und Zeugnis davon sein sollte, wie sehr wir den Schöpfer und die Schöpfung lieben, so ist es dennoch nicht unser erster Auftrag, dafür zu sorgen, dass Frösche und Vögel überleben können, sondern dass verlorene Menschen für die ewige Herrlichkeit gewonnen werden. Auch hier gilt das Wort aus dem Matthäusevangelium, Kap. 6, Vers 33: „Trachtet aber zuerst nach dem Reich Gottes." Die Liebe zur Schöpfung darf nie größer werden als die Liebe zum Schöpfer! Denn alles, was wir für die Schöpfung tun, hat immer nur zeitlichen Wert. Alles, was wir für den Herrn tun, hat ewigen Wert.

Im Johannesevangelium lesen wir davon, dass Gott seine Schöpfung so sehr liebte, dass er seinen eingeborenen Sohn am Kreuz sterben ließ, damit die ganze Schöpfung von dem Fluch der Sünde wieder frei wird, unter dem sie seit dem Sündenfall des Menschen steht. Wer an den Sohn Gottes glaubt, wird nicht verloren gehen, sondern das ewige Leben haben, weil die Gemeinschaft mit dem heiligen Gott durch Jesus wieder möglich geworden ist.

Gegen diese Gemeinschaft freilich rebelliert der Widersacher Gottes, der nicht will, dass der Mensch gerettet wird oder dass Gottes Herrlichkeit in der Schöpfung zu erkennen ist. Deshalb ist die Zerstörung der Umwelt auch dort am größten, wo die Gottlosigkeit am weitesten fortgeschritten ist. Biologisch tote Seen und Flüsse, ausgestorbene Tiere und Pflanzen oder gestresste und verzweifelte Menschen, das ist das Ziel des Teufels.

Der Widersacher Gottes sucht Nachfolger, Anbeter, Menschen, die vor ihm niederfallen und ihm dienen, doch was er anzubieten hat, ist Lüge, Chaos, Zerstörung und Tod. Damit steht der Teufel ganz dumm da. Er kann nämlich nicht auf eine wunderbare Schöpfung verweisen, die durch das Wort seiner Macht entstanden wäre. Eigentlich hat er gar nichts, wofür man ihn ehren und anbeten könnte. Er kann nicht vor die Menschen treten und sagen: Schaut euch die Weiten des Himmels an, die Berge, die Täler oder das große Meer, schaut euch die Wälder, die Tiere oder die Blumen an. Das alles habe ich geschaffen.

Nun möchte man meinen, dass kein Mensch Lüge, Chaos, Zerstörung und Tod will. Dennoch gelingt es dem „großen Betrüger“ immer wieder, seine zerstörerischen Gedanken den Menschen so einzuflößen, dass sie in aller Welt massenhaft darauf hereinfallen und, ohne es zu merken, zu seinen Sklaven werden. Darin liegt die größte Tragödie der Menschheit, die sie letztlich im Chaos versinken lässt. Deshalb schreibt auch Paulus in seinem Brief an die Epheser, Kap. 6, Vers 12: „Unser Kampf ist nicht gegen Fleisch und Blut, sondern gegen die Gewalten, gegen die Mächte, gegen die Weltbeherrscher dieser Finsternis, gegen die Geister der Bosheit in der Himmelswelt.“

Der biblische Herrschaftsauftrag des Menschen

Die Liebe Gottes zur Menschheit spiegelt sich schon in der allerersten Begegnung mit dem Menschen wieder. Dazu lesen wir im 1. Buch Mose, Kap. 1, Vers 28: „Und Gott segnete sie.“ Die Geschichte der Menschheit beginnt also mit dem Segen Gottes. Gott segnete sie, indem er sagte: „Seid fruchtbar und vermehrt euch, und füllt die Erde, und macht sie euch untertan; und herrscht über die Fische des Meeres und über die Vögel des Himmels und über alle Tiere, die sich auf der Erde regen!“

Auch nach der großen Flut, als Gott mit Noah und seinen Söhnen einen neuen Anfang machte, segnete Gott sie wieder und bekräftigte den Schöpfungsauftrag des Menschen. So lesen wir in den beiden ersten Versen im 9. Kapitel des 1. Buchs Mose: „Und Gott segnete Noah und seine Söhne und sprach zu ihnen: Seid fruchtbar, und vermehrt euch, und füllt die Erde! Und Furcht und Schrecken vor euch sei auf allen Tieren der Erde und auf allen Vögeln des Himmels! Mit allem, was sich auf dem Erdboden regt, mit allen Fischen des Meeres sind sie in eure Hände gegeben.“ In Psalm 8, in dem König David vom Herrscherauftrag Gottes singt, heißt es in den Versen 7 und 9: „Du machst ihn zum Herrscher über die Werke deiner Hände; alles hast du unter seine Füße gestellt: Schafe und Rinder allesamt und auch die Tiere des Feldes, Vögel des Himmels und Fische des Meeres, was die Pfade der Meere durchzieht.“

Diese Worte der Bibel werden oft missverstanden und falsch gedeutet. Man gibt sogar Gott die Schuld für die ganze Misere der Umwelt, indem man sagt, er habe ja den Menschen schließlich dazu beauftragt, über die Erde zu herrschen, sie sich untertan zu machen und auszubeuten. Kritiker sehen in diesem biblischen Schöpfungsauftrag sogar die geistige Grundlage aller Umweltzerstörung. Selbst manche Christen leben, ohne dass sie es merken, so, als ob es tatsächlich so wäre.

Es versteht sich von selbst, dass dieses Herrschen kein Ausbeuten sein sollte, sondern vielmehr ein Bewahren, ein darauf Achten, dass Gottes Ordnungen, die den Fortbestand des Lebens auf dieser Welt garantieren, eingehalten werden. „Meine Rechtsbestimmungen sollt ihr tun, und meine Ordnungen sollt ihr halten, um in ihnen zu leben. Ich bin der Herr, euer Gott. Und meine Ordnungen und meine Rechtsbestimmungen sollt ihr halten. Durch sie wird der Mensch, der sie tut, Leben haben. Ich bin der Herr." So steht es im 3. Buch Mose, Kap. 18, Vers 4 und 5.

Daraus wird ersichtlich, dass Gott der Herr, der souveräne Herrscher ist. Gottes Herrschen ist aber immer von seiner Liebe geprägt. Wenn wir als seine Ebenbilder seinen Auftrag recht verstehen, werden auch wir nur in Liebe und Ehrfurcht zum Wohle seiner Schöpfung „herrschen", und d. h., das Leben in dieser Schöpfung erhalten, indem wir in seinen Ordnungen und Naturgesetzlichkeiten leben. Dazu lesen wir im 1. Buch Mose, Kap. 1, in den Versen 16 bis 18, dass Gott auch den Himmelskörpern eine ähnliche Herrscherfunktion zugedacht hat. Es heißt hier: „Und Gott machte die beiden großen Lichter: Das größere Licht zur Beherrschung des Tages und das kleinere Licht zur Beherrschung der Nacht und die Sterne. Und Gott setzte sie an die Wölbung des Himmels, über die Erde zu leuchten und zu herrschen über den Tag und über die Nacht und zwischen dem Licht und der Finsternis zu scheiden."

Da ist vom gleichen „Herrschen" die Rede, ein Herrschen aber, das als Dienen zu verstehen ist. Sonne und Sterne „herrschen nämlich nicht in dem Sinne, dass sie die Erde ausbeuten, viel mehr geben sie ihr Licht und Wärme und bestimmen den Rhythmus von Tag und Nacht, sodass dadurch das Leben auf der Erde erhalten bleibt.

Das ist wichtig zu wissen, denn Kritiker werfen den Christen vor, dass sie den biblischen Schöpfungsauftrag „Seid fruchtbar und mehret euch und machet euch die Erde untertan!" als geistige Grundlage aller Umweltzerstörung missbrauchen. Diese Kritik beruht aber darauf, dass der Ausdruck „herrschen" als Ausbeuten oder Beherrschen verstanden wird. Wenn wir den Ausdruck aber im Sinne des Bewahrens verstehen, als ein „darauf Achten", dass die Ordnungen Gottes, die den

Fortbestand des Lebens garantieren, eingehalten werden, so ist die Kritik absolut unberechtigt.

Wie ein weiser König zum Wohl seiner Untertanen herrscht, damit es ihnen gut geht, sollen auch wir Menschen zum Wohl der Schöpfung „herrschen“. Der Schöpfer hat die Schöpfung geprägt, sodass er in seinen Geschöpfen wahrgenommen wird. Deshalb sollten wir die Erde so verwalten, dass Gottes Herrlichkeit in seiner Schöpfung weiterhin wahrgenommen werden kann.

Das Versagen des Menschen

Solange der Mensch im Paradies lebte, hat er diesen Auftrag zur Bewahrung der Schöpfung erfüllt. Ein schönes Beispiel dazu finden wir in 1. Mose, Kap. 2, in den Versen 19 und 20, wo es heißt: „Und Gott der Herr bildete aus dem Erdboden alle Tiere des Feldes und alle Vögel des Himmels, und er brachte sie zu dem Menschen, um zu sehen, wie er sie nennen würde; und genau so wie der Mensch sie, die lebenden Wesen, nennen würde, sollte ihr Name sein. Und der Mensch gab Namen allem Vieh und den Vögeln des Himmels und allen Tieren des Feldes.“

Es ist bemerkenswert, dass Gott die Tiere zum Menschen brachte, aber der Mensch gab ihnen die einzelnen Namen. Durch die Namensgebung entsteht ein persönliches Verhältnis, an dem die verantwortliche Beziehung zwischen Mensch und Schöpfung deutlich wird. Deshalb hat Gott diese Aufgaben dem Menschen übergeben, denn zu allem, was der Mensch kennt und mit Namen benennt, hat er auch eine Beziehung, die ihn sensibilisiert für die Verantwortung und den Respekt, der damit verbunden ist.

Der Mensch lebte also im Paradies in engster Gemeinschaft mit Gott. Keine Sünde trübte das Verhältnis. In dieser engen Beziehung war es möglich, die Schöpfung zu bewahren, und zwar im Zusammenspiel zwischen Gott und Mensch.

Doch der Mensch fiel in Sünde und wurde aus der Gemeinschaft mit dem heiligen Gott vertrieben. So lesen wir im 1. Buch Mose, Kap. 3, Vers 23: „Und Gott, der Herr, schickte ihn aus dem Garten Eden hinaus, den Erdboden zu bebauen, von dem er genommen war." Das war die größte und anhaltendste Katastrophe, welche die Menschheit je erlebt hat. Sie wirkte sich so gravierend aus, dass wir die daraus entstandenen negativen Veränderungen für die gesamte Menschheit bis heute spüren. Denn sobald Gott sich wegen der Sünde des Menschen zurückgezogen hatte und der Mensch anfing, sich vor dem Angesicht Gottes zu fürchten und zu verstecken, wie wir im 1. Buch Mose, Kap. 3, in den Versen 8 bis 10 lesen, begann der Elendsweg des Menschen, an dem sich bis heute nichts geändert hat.

Immer dort, wo Gott sich wegen der Sünde zurückzieht, fehlt Gottes Segen. Das fing mit der Vertreibung aus dem Paradies an, wo sofort danach nur noch vom Bebauen und nicht mehr vom Bewahren die Rede ist. Darin zeigt sich der Charakter der Sünde, die immer zerstörend und verlustbringend wirkt. Das ist auch heute so. Jede Sünde zerstört, immer geht durch sie etwas verloren. So hat der Mensch durch die Sünde auch die Fähigkeit zur Bewahrung der Schöpfung verloren. Denn indem die Innenwelt des Menschen durch den Verlust der Gemeinschaft mit Gott gestört wurde, wurde der Mensch selbst mehr und mehr zum Zerstörer seiner Außenwelt. Der Mensch ist bis heute Herrscher im Sinne des Ausbeuters, nicht des Bewahrers der Schöpfung. Diese Tendenz zur Zerstörung der Umwelt hat mit dem Sündenfall begonnen und sich mit der weltweiten Ausbreitung des sündigen Menschen auf die ganze Welt ausgedehnt.

Wenn wir also nach dem Ursprung der Umweltzerstörung fragen, so müssen wir sagen, dass es letztlich immer die Sünde des Menschen ist.

Wegen der Sünde des Menschen kam der Fluch Gottes über den Erdboden. Dazu lesen wir im 1. Buch Mose, Kap. 3, Vers 17 bis 19: „... so sei der Erdboden verflucht um deinetwillen: Mit Mühsal sollst du davon essen alle Tage deines Lebens; und Dornen und Disteln wird er dir sprossen lassen, und du wirst das Kraut des Feldes essen! Im Schweiße deines Angesichts wirst du dein Brot essen, bis du zurückkehrst zum Erdboden, denn von ihm bist du genommen. Denn Staub bist du, und zum Staub wirst du zurückkehren."

Wie wir wissen, wurde Kain ein Ackerbauer, doch schon bald darauf erschlug er seinen Bruder Abel. Kaum hatte er das getan, traf ihn der Fluch noch härter. So lesen wir im 1. Buch Mose, Kap. 4, in den Versen 10 bis 12: „Horch! Das Blut deines Bruders schreit zu mir vom Ackerboden her. Und nun, verflucht seist du vom Ackerboden hinweg, der seinen Mund aufgerissen hat, das Blut deines Bruders von deiner Hand zu empfangen. Wenn du den Ackerboden bebaust, soll er dir nicht länger seine Kraft geben. Unstet und flüchtig sollst du sein auf der Erde."

Von da an können wir die gesamte Bibel durchgehen, immer wieder werden wir sehen - insbesondere bei den Propheten Jesaja und Jeremia -

dass die Sünde des Menschen der Anfang und die Ursache aller Umweltzerstörung ist. Dazu gibt es Beispiele im 1. Buch Mose, Kap. 3, Vers 17 bis 19; im 3. Buch Mose, Kap. 25, Vers 17 bis 19; im 5. Buch Mose, Kap. 11, Vers 13 bis 17; im 5. Buch Mose, Kap. 28, Vers 15; im 5. Buch Mose, Kap. 29, Vers 21 bis 27; 1. Könige, Kap. 8, Vers 35 bis 36; Psalm 107, Vers 33 bis 34; Jeremia, Kap. 2, Vers 6 bis 13; Jeremia, Kap. 3, Vers 2 bis 3; Jeremia, Kap. 12, Vers 4.

Eines der deutlichsten Beispiele dafür finden wir im Buch des Propheten Hosea, Kap. 4, in den Versen 1 bis 12, wo es heißt: „Hört das Wort des Herrn, ihr Söhne Israel! Denn der Herr hat einen Rechtsstreit mit den Bewohnern des Landes; denn keine Treue und keine Gnade und keine Erkenntnis Gottes ist im Land. Verfluchen und Lügen, Morden, Stehlen und Ehebrechen haben sich ausgebreitet, und Bluttat reiht sich an Bluttat. Darum vertrocknet das Land und welkt jeder, der darin wohnt, samt den Tieren des Feldes und den Vögeln des Himmels; selbst die Fische des Meeres werden dahingerafft. Mein Volk kommt um aus Mangel an Erkenntnis. Du hast das Gesetz deines Gottes vergessen, so vergesse auch ich deine Kinder. Je mehr sie wurden, desto mehr sündigten sie gegen mich. Ihre Ehre vertausche ich gegen Schande. Sie essen, aber werden nicht satt werden.

Sie treiben Hurerei, doch sie werden sich nicht ausbreiten. Denn sie haben es aufgegeben, auf den Herrn zu achten. Hurerei, Wein und Most (Alkohol) nehmen den Verstand weg. Mein Volk befragt sein Holz, und sein Stab gibt ihm Auskunft." Im Buch des Propheten Haggai, Kap. 2, Vers 17 heißt es: „Ich schlug euch mit Getreidebrand und mit Vergilben und alle Arbeit eurer Hände mit Hagel; und ihr seid nicht zu mir umgekehrt! - spricht der Herr." Diese Sünde des Menschen, sein unstillbarer Drang nach immer mehr ist auch heute noch das, was die Welt in eine Katastrophe treibt, deren Ausmaß wir nur ahnen können.

Schöpfung und Krönung der Schöpfung

Insgesamt lesen wir im 1. Buch Mose, Kap. 1, in den Versen 3, 10, 12, 18, 21 und 25 sechsmal davon, dass es gut war, was Gott geschaffen hatte. Nach der Erschaffung des Menschen im 1. Buch Mose, Kap. 1, Vers 31 heißt es sogar: „Siehe, es war sehr gut." Wenn Gott selbst etwas für gut bzw. sehr gut hält; ist das nicht allein schon Grund genug, es zu bewahren?

Das ganze Universum, Pflanzen und Tiere hat Gott in „ihrer Art" geschaffen; den Menschen aber hat er nach seinem Ebenbild geschaffen. So lesen wir im 1. Buch Mose, Kap. 1, Vers 27: „Nach seinem Bild, nach dem Bild Gottes schuf er ihn; ...“ Dabei wurde auch der Mensch zunächst wie alle Tiere aus Staub vom Erdboden gebildet. So lesen wir im 1. Buch Mose, Kap. 2 Vers 7: „Denn Staub bist du, und zum Staub wirst du zurückkehren!“ Dann aber heißt es im selben Bibelvers von dem Menschen: „„... Gott, der Herr (...) hauchte in seine Nase Atem des Lebens, so wurde der Mensch eine lebendige Seele.“ Zum menschlichen Gebilde vom Erdboden kommt also der göttliche Atem des Lebens aus dem Himmel hinzu. So wurde das Irdische mit dem Himmlischen gefüllt. Wie sagte der Kirchenvater Augustinus: „Du hast uns für dich geschaffen, und unruhig ist unser Herz, bis es ruht in dir, oh Gott.“

Der Mensch ist das höchste Wesen in Gottes Schöpfung. In Psalm 8, Vers 6 lesen wir dazu: „Denn du hast ihn wenig geringer gemacht als die Engel, mit Herrlichkeit und Pracht krönst du ihn.“ Das ist der höchste Adel des Menschen, der ihn über alle anderen Geschöpfe erhebt und ihn deutlich von allen Tieren unterscheidet.

So wie Gott unabhängig und frei in all seinen Entscheidungen ist, so hat er auch jeden Menschen mit einem freien Willen ausgestattet. Gott sucht

Menschen, die ihn freiwillig anbeten. In diesem Sinne ist der Mensch verantwortlich für seine Entscheidungen, darin unterscheidet er sich wesentlich vom Tier. Dieses kann schon allein deshalb keine ethische Verantwortung übernehmen, weil es keine eigenen Entscheidungen treffen kann. Wenn es handelt, handelt es nach seinem Trieb bzw. Instinkt.

Der Mensch hingegen ist die Krönung und der Abschluss der Schöpfung Gottes. Deshalb sollten wir auch von aller gentechnischen Manipulation am Menschen die Finger lassen, denn was Gott „sehr gut" geschaffen hat, bedarf keiner Verbesserung durch den Menschen. Wie wir heute wissen, ist die Grundlage für einen neuen Menschen entstanden, sobald der männliche Samen in die weibliche Eizelle eingedrungen ist. Mit der Befruchtung der menschlichen Eizelle ist die ganze Wesensart des Menschen vorgegeben. Alle gentechnischen Informationen sind bereits vorhanden; was durch die natürliche Zellteilung hinzukommt, ist nur das Wachstum; zunächst im Mutterleib, später außerhalb. Deshalb ist das, was sich im Laufe der Entwicklung ändert, nur das Erscheinungsbild, nicht aber das Grundsätzliche. Denn der Mensch ist Mensch von Anfang an. Diese Sicht ist für die Bibel selbstverständlich.

Für dieses neue, heranwachsende Leben hat der Schöpfer einen wunderbaren Platz unter dem Herzen der Mutter vorgesehen. Dazu schreibt David in seinem 139. Psalm, Vers 13: „Du wobst mich in meiner Mutter Leib." Hier kann der winzige Mensch, durch das Fruchtwasser geschützt und gepolstert, von Anfang an die Wärme und Liebe der Mutter und ihren Herzschlag wahrnehmen. Einen besseren Ort könnte man sich dafür gar nicht vorstellen.

Doch was haben wir Menschen daraus gemacht? Wir haben den Mutterleib zum gefährlichsten Ort der Welt gemacht. Hunderttausende ungeborene Kinder müssen jährlich allein in unserem Land sterben, noch ehe sie das Licht der Welt erblicken, ehe man ihnen eine Chance gegeben hat, ihr Leben selbst zu verteidigen. Und das aus Gründen einer sogenannten sozialen Indikation in einem der reichsten Länder der Welt, wo nicht nur ein großes Wissen über die natürliche Verhütung vorhanden ist, sondern wo auch eine reiche Auswahl verschiedener Verhütungsmittel zur Verfügung steht.

Experten schätzen, dass weltweit die Zahl der Abtreibungen jährlich auf etwa 50 Millionen anzusetzen ist. Das zeigt, dass Abtreibungen heute weltweit in verantwortungsloser Weise bagatellisiert, toleriert und teilweise sogar legalisiert werden. Jede Abtreibung jedoch ist ein grausamer Eingriff in die Schöpfungsordnung Gottes. So gesehen ist es die schrecklichste Art aller Umweltzerstörung. Dabei vergessen viele, dass dieses Töten im Mutterleib immer auch ein Gewaltakt an der Mutter selbst ist. Im Krieg wird der Feind getötet. Bei der Abtreibung aber tötet die Mutter ein Stück von sich selbst - von ihrer eigenen Würde. Dass das Spuren in der Seele der Mutter mit psychischen Langzeitfolgen hinterlässt, ist verständlich.

Heute setzen sich viele Menschen aufopfernd für die Erhaltung der Umwelt ein. Sie bemühen sich, seltene Vögel, Frösche wie auch bedrohte Pflanzenarten und deren Lebensräume zu schützen. Das alles ist gut, wenn wir nicht vergessen, dass der Mensch viel mehr wert ist als die Pflanzen und die Vögel. „Ihr seid mehr als viele Sperlinge", sagt der Herr Jesus im Lukasevangelium, Kap. 12, Vers 7. Im Evangelium des Matthäus, Kap. 6 Vers 26 stellt der Herr selbst die Frage: „Seid ihr nicht viel wertvoller als sie?" Welch ein Widerspruch, wenn die selben Menschen, die sich für die Erhaltung der Schöpfung einsetzen, dafür sind, dass menschliches Leben - die Krone der Schöpfung - durch Abtreibung getötet wird.

Ist es nicht geradezu schizophren, wenn Menschen für ihre Umweltaktionen die Farbe grün - als Farbe des Lebens - auswählen, sich aber gleichzeitig für das Töten von ungeborenem Leben einsetzen? Abtreibung ist immer Zerstörung des höchsten Gutes, es ist das Töten eines vollständigen Menschen. Schon König Salomo schreibt im Buch der Sprüche, Kap. 24, in den Versen 11 und 12: „Rette die, die zum Tode geschleppt werden; und die zur Schlachtung hinwanken, o halte (sie) zurück! Wenn du sagst: Siehe, wir wussten nichts davon! - ist es nicht so: Der die Herzen prüft, er merkt es, und der auf deine Seele acht hat, er weiß es?“ Dabei ist es wichtig, dass wir auch Vers 19 mitbeachten, wo es heißt: „Entrüste dich nicht über die Übeltäter! Ereifere dich nicht gegen die Gottlosen!“, sondern liebe sie mit der ganzen Liebe Jesu. Genau darum geht es: die Tat sollen wir verurteilen, den Täter aber in Liebe gewinnen.

Gleiches gilt für andere Bereiche. So ist jede Homo- oder Lesben-Ehe unnatürlich und abartig, weil aus ihr unmöglich neues Leben erwachsen kann. Aber auch hier gilt, dass wir zwar die Tat verurteilen sollen, aber nicht den Täter. Der soll vielmehr mit der Liebe Jesu gewonnen werden.

„Gott ist Licht und gar keine Finsternis ist in ihm,“ so lesen wir in 1. Johannes, Kap. 1, Vers 5. Wo aber Gott nicht ist, da fehlt der Segen Gottes. Wo das Licht und somit auch der Segen Gottes fehlt, beginnt bereits der Fluch. So lesen wir im Buch des Propheten Maleachi, Kap. 1, in den Versen 2 bis 4: „Und ich habe Jakob geliebt; Esau aber habe ich gehasst, und ich habe seine Berge zum Ödland gemacht und seinen Erbbesitz den Schakalen der Steppe überlassen (…) man wird sie nennen: Gebiet der Gottlosigkeit." Gott hat Esau nicht gehasst, weil er ihm unsympathisch war, sondern weil Esau ohne Gott auskommen wollte. Deshalb hat Gott sich von ihm zurückgezogen. Dadurch, dass Esau den Fluch Gottes auf sich gezogen hat, beginnen seine Probleme. Sein Land wird zur Wüste, ein Bild für Verlassenheit und Einsamkeit, das auch in unsere Zeit hineinspricht. Denn so wie Esau ohne den Segen Gottes leben musste, weil er den Fluch Gottes auf sich gezogen hatte, müssen auch heute viele Menschen ohne den Segen Gottes leben.

Dieser Fluch Gottes kann alle Bereiche unseres Lebens treffen. So lesen wir im 5. Buch Mose, Kap. 28, Vers 15 bis 19: „... wenn du der Stimme des Herrn, deines Gottes, nicht gehorchst, (so) dass du (nicht) darauf achtest, all seine Gebote und seine Ordnungen zu tun, die ich dir heute gebiete, dann werden all diese Flüche über dich kommen und dich erreichen. Verflucht wirst du sein in der Stadt, und verflucht wirst du sein auf dem Feld. Verflucht wird sein dein Korb und dein Backtrog. Verflucht wird sein die Frucht deines Leibes und die Frucht deines Ackerlandes, der Wurf deiner Rinder und die Zucht deiner Schafe. Verflucht wirst du sein bei deinem Eingang, und verflucht wirst du sein bei deinem Ausgang."

Diese Folgen des Fluches können Dürre, Hunger, Armut oder Krankheit sein. Es können Unfruchtbarkeit und Einsamkeit, Vertreibungen, Kriege und Seuchen sein. Aber auch verpestete Luft, belastete Böden, Unwetter, Überschwemmungen und all die vielen Probleme, mit denen wir nicht fertig werden, können die Folge davon sein, dass uns der Segen Gottes fehlt. Eine besonders interessante Stelle dazu finden wir in Psalm 109, in den Versen 17 bis 18, wo es heißt: „Und er liebte den Fluch, so komme er auf ihn! Er zog den Fluch an wie ein Kleid, so dringe er wie Wasser in sein Inneres."

Viele fragen, wo Gott in den schrecklichen Jahren des Krieges war, als Millionen Menschen zu Unrecht leiden und sterben mussten. Wo ist Gott, wenn Dürre, Hunger und Pest ganze Erdteile befallen? Doch diese Fragen sind so nicht richtig gestellt. Denn letztlich sind all diese Probleme immer die Folgen der Sünde, deren Urheber der Mensch ist. Wir machen es uns zu einfach, wenn wir Gott für unsere Schuld an den Pranger stellen wollen. Damit laden wir nur neue Schuld auf uns und entfernen uns immer weiter von Gott.

Immer wieder haben Menschen versucht, sich vom Fluch zu befreien, doch ist es ihnen nie gelungen. Es wird ihnen sicher auch in Zukunft nicht gelingen, denn jeder Versuch der Selbstbefreiung von dem Fluch ist zum Scheitern verurteilt, weil dieser Fluch auf der ganzen Schöpfung bleiben wird, bis Jesus als Herr aller Herren wiederkommt.

Vielleicht sagen Sie nun: Aber die Bekämpfung von Dornen und Disteln ist doch heute mit den modernen chemischen Unkrautvernichtungsmitteln kein Problem mehr. Viele Felder stehen sauber und frei von Unkraut da. Das stimmt. Die Kehrseite davon aber sind vergiftete Böden, Rückstände in Lebensmitteln, belastetes Grundwasser, aussterbende Insekten und Pflanzen mit all den Folgeerscheinungen. Der Acker, der durch den Fluch seine Kraft verloren hat, bekommt Kunstdünger. So erzielen wir sogar Rekord-Ernten, erkauft aber durch eine wesentlich verminderte Qualität der Lebensmittel durch Nitrate im Grundwasser, Phosphate in Flüssen, Seen und Meeren. So hat sich der Fluch letztlich nur verlagert, die Probleme aber sind geblieben und manchmal sogar noch schwieriger geworden.

Moderne Technik macht's möglich, dass kaum jemand mehr sein Brot im Schweiße seines Angesichts verdienen muss. Denn für alle schweren Arbeiten hat der Mensch erstklassige Maschinen erfunden, die uns den Schweiß ersparen. Die Kehrseite wiederum lautet: verschmutzte Luft aus Industrieschornsteinen, eintönige Fließbandarbeit, Bewegungsmangel, Hektik und Stress.

Die moderne Medizin hat Pest und Seuchen weitgehend überwunden; doch neue Krankheiten wie Krebs, Aids und BSE sind ausgebrochen. Energieprobleme glaubte man durch saubere und billige Atomkraft zu lösen. Doch kaum war die erste Kernspaltung gelungen, hatte man bereits die gefährlichen Bomben daraus gebaut; Tausende von Menschen wurden vernichtet und grauenhaftes Leid in die Welt gebracht. So ist der Fluch geblieben, verursacht durch die Trennung des Menschen von Gott.

Gott selbst - Garant für seine Schöpfung

Im 1. Buch Mose, Kap. 9, Vers 9 und 12 lesen wir davon, dass Gott nach der großen Sintflut mit Noah und seinen Söhnen einen Bund geschlossen hatte. Dazu setzte er einen Regenbogen in den Himmel, der uns daran erinnern soll, dass Gott selbst als Garant dafür steht, dass er seine Schöpfung in Zukunft nicht mehr zerstören will. „Und ich, siehe, ich richte meinen Bund auf und mit euren Nachkommen nach euch und mit jedem lebenden Wesen, das bei euch ist an Vögeln, an Vieh und an allen Tieren der Erde bei euch, von allem, was aus der Arche gegangen ist, von allen Tieren der Erde (…) auf ewige Generationen hin."

Dieser Bund hat bis heute seine volle Gültigkeit. Damit gibt Gott selbst die Garantie, dass unsere Erde trotz aller Umweltzerstörung erhalten bleiben wird. „Denn der Herr sprach", so lesen wir im 1. Buch Mose, Kap. 8, Vers 21 und 22: „Nicht noch einmal will ich den Erdboden verfluchen um des Menschen willen, denn das Sinnen des menschlichen Herzens ist böse von seiner Jugend an; und nicht noch einmal will ich alles Lebendige schlagen, wie ich getan habe. Von nun an, alle Tage der Erde, sollen nicht aufhören Saat und Ernte, Frost und Hitze, Sommer und Winter, Tag und Nacht."

An diesen gewaltigen Naturkreisläufen hat sich seit Noah nichts geändert. Gott selbst hat es so angeordnet. Solange aber Saat und Ernte, Regen und Sonne, Sommer und Winter, Licht und Dunkelheit garantiert sind, wird auch das Leben auf dieser Erde für uns Menschen möglich sein und weitergehen. Denn damit garantiert Gott selbst alles, was nötig ist, um das Leben auf dieser Erde zu erhalten. Gott weiß, dass der in Sünde gefallene Mensch nicht mehr in der Lage ist, seine Schöpfung zu bewahren. Denn Bewahrung fordert immer auch Verzicht und persönliche Bescheidenheit. Zum Wesen der Sünde aber gehört, dass der Mensch an sich und seinen persönlichen Vorteil denkt, was zwangsläufig zu Ausbeutung und nicht zur Bewahrung führt. Wer darüber nachdenkt, wird erkennen, dass letztlich jede Umweltzerstörung ihren Ursprung im sündigen Herzen des Menschen hat, in seiner Gier, seinem Egoismus und seiner Habsucht.

Aber Gott hatte Mitleid mit dem Menschen. Deshalb tat er, was dem Menschen nicht mehr möglich war. Er selbst garantiert die Erhaltung unserer Erde. Darin offenbart sich Gottes Erbarmen mit der Menschheit, seine Gnade, wie sie schon im Alten Testament zu finden ist.

Als Garantiesiegel setzte er den Regenbogen als sichtbares Zeichen in den Himmel. Dazu lesen wir im 1. Buch Mose, Kap. 9, in den Versen 13 bis 17: „Meinen Bogen setze ich in die Wolken, und er sei das Zeichen des Bundes zwischen mir und der Erde. Und es wird geschehen, wenn ich Wolken über die Erde aufwölke, und der Bogen in den

Wolken erscheint, dann werde ich an meinen Bund denken, der zwischen mir und euch besteht; wenn der Bogen in den Wolken steht, werde ich ihn ansehen, um an den ewigen Bund zu denken zwischen Gott und jedem lebenden Wesen unter allem Fleisch, das auf Erden ist. Und Gott sprach zu Noah: „Das ist das Zeichen des Bundes, das ich aufgerichtet habe zwischen mir und deinem Fleisch, das auf Erden ist."

Weil Gott diesen Bund mit der Menschheit beschlossen und im Regenbogen besiegelt hat, brauchen auch wir nicht ängstlich in die Zukunft zu schauen. Immer, wenn wir den farbenprächtigen Regenbogen in den Wolken sehen, dürfen wir uns - wie Gott selbst - an den Bund erinnern und bei allen aufregenden Ereignissen dieser Zeit voller Zuversicht auf diese Verheißung blicken. Dieses Vertrauen ist nur einer der vielen Vorteile, die wir als Christen haben.

Erst am „Tag des Herrn" wird der Bund mit Noah sein Ende finden, weil wir, nach seiner Verheißung, für diesen Tag den neuen Himmel und die neue Erde erwarten, die uns in der Heiligen Schrift angekündigt sind. Das allerdings wird begleitet sein von gewaltigen Naturkatastrophen, wie sie uns die Bibel voraussagt. Bis zu diesem Ereignis aber können wir davon ausgehen, dass die Erde bewohnbar bleiben wird, weil Gott es so verheißen hat. „Denn treu ist er, der die Verheißung gegeben hat,“ so lesen wir es im Brief an die Hebräer, Kap. 10, Vers 23.

Aber vergessen wir nicht: Jeder Regenbogen in seiner Farbenpracht lässt uns mit unseren irdischen Augen die himmlischen Zusagen Gottes schauen. So kommt Gott unserem menschlichen Empfinden nahe. Wie interessant auch, dass der Regenbogen alle Farben enthält außer schwarz, die Farbe der Finsternis. Schade, dass dieses Zeichen des Regenbogens in der Umweltbewegung so oft missbraucht und mit esoterischem Gedankengut gefüllt wird. Für Christen bleibt es dennoch das unumstößliche Zeichen der Verheißung Gottes, dass die Erde bewohnbar bleiben wird, bis Jesus, der Herr, der alles durch das Wort seiner Macht trägt, wiederkommt. Was für ein Grund zur Freude und Dankbarkeit, an die uns jeder Regenbogen neu erinnert!

Hoffnung und Zukunft - nur für Christen?

Menschen, die nicht an Gott glauben, sehen ihren Lebensraum heute gefährdet und engagieren sich oft mit großem Eifer für den Umweltschutz. Ihnen ist es sehr oft zur Existenzfrage geworden. Sie

möchten mithelfen, diese Welt zu erhalten, um sich und ihren Kindern eine lebenswerte Zukunft zu sichern. Dieses Ziel ist bestimmt anerkennenswert, aber lässt sich die Erde auf diesem Weg erhalten?

Wenn Christen von der Erhaltung der Erde reden, wissen sie ihr Leben und das ihrer Kinder in der mächtigen Hand Gottes, der zu seinen Verheißungen steht. Darin liegt die Hoffnung des Christen. Es stimmt also, worauf schon König Salomo vor 3000 Jahren im Buch der Sprüche hingewiesen hat, dass „die Furcht des Herrn der Anfang aller Erkenntnis ist." Die Zuversicht desjenigen aber, der Gott vergessen hat, ist, wie wir im Buch Hiob, Kap. 8, in den Versen 13 und 14 lesen, „... ein dünner Faden und ein Spinngewebe (...), worauf er vertraut." In Sprüche, Kap. 10, Vers 28 heißt es sogar, dass „die Hoffnung der Gottlosen zunichte wird."

Doch Gott lässt den Menschen nicht in dieser auswegslosen Situation. Indem er seinen eigenen Sohn in die Welt sandte, hat Gott gehandelt und bietet dem Menschen eine Lösung an, um damit den Fluch, den der Mensch durch seine Sünde auf die ganze Schöpfung gebracht hat, wieder aufzuheben. So lesen wir im Brief des Paulus an die Galater, Kap. 3, Vers 13: „Christus hat uns losgekauft von dem Fluch des Gesetzes, indem er ein Fluch für uns geworden ist. Denn es steht geschrieben: Verflucht ist jeder, der an dem Holz hängt." Im Matthäusevangelium, im Kap. 27, in den Versen 45 und 46 heißt es dazu: „Aber von der sechsten Stunde an kam eine Finsternis über das ganze Land bis zur neunten Stunde. Um die neunte Stunde aber schrie Jesus mit lauter Stimme auf und sagte: „Eli, eli, lama sabachthani, das heißt: Mein Gott, mein Gott, warum hast du mich verlassen?"

Als die Sünde der ganzen Menschheit am Kreuz von Golgatha auf dem Sohn Gottes lag, trat eine Finsternis ein im ganzen Land, weil sich der heilige Gott - angesichts der Sünde, die nun auf dem Gekreuzigten lag - zurückgezogen hatte. Damit bekam der eigene Sohn das Verlassensein von Gott mit aller Härte zu spüren. Es war der schreckliche Fluch, der Jesus Christus an unserer Stelle traf. Daher auch der Verzweiflungsschrei: „Mein Gott, mein Gott, warum hast du mich verlassen." Daran wird deutlich, wie sehr „Verfluchtsein" „Von-Gott-verlassen-sein" bedeutet.

Durch sein Leiden und Sterben am Kreuz aber hat der, der die Welt erschaffen hat, sie auch erlöst. Im 2. Brief an die Korinther, Kap. 5, in den Versen 18 und 19 lesen wir von „... Gott, der uns mit sich selbst versöhnt hat (…) nämlich dass Gott in Christus war und die Welt mit sich selbst versöhnte." Welch eine Gnade, welch ein Erbarmen Gottes mit dieser Welt. Das ist das Evangelium, die welterlösende Botschaft der Bibel.

Die Hoffnung des Christen besteht also darin, dass er sich versöhnt weiß mit Gott durch Jesus Christus. Durch die Wiedergeburt ist der Christ eine „neue Schöpfung". Dazu lesen wir im 2. Brief an die Korinther, Kap. 5, Vers 17: „Daher, wenn jemand in Christus ist, so ist er eine neue Schöpfung; das Alte ist vergangen, siehe, Neues ist geworden." Die Verheißung der neuen Schöpfung beginnt also bereits hier auf Erden innerhalb der alten Schöpfung. Das ist ein Geheimnis, das nur schwer zu verstehen ist.

Wer hingegen den Herrn Jesus Christus nicht akzeptiert, ihn nicht als seinen Herrn anerkennt, der muss ohne den Segen Gottes auskommen und steht somit unter dem Fluch Gottes. Auch das lehrt uns die Bibel. Im 1. Brief an die Korinther, Kap. 16, Vers 22 heißt es dazu: „Wenn jemand den Herrn nicht lieb hat, der sei verflucht!" Daraus lässt sich schließen, dass es ohne diesen Herrn keine Hoffnung gibt. Der Fluch der Sünde bleibt. Befreiung ist nur in Jesus Christus möglich!

Während des 25-jährigen Jubiläums des „Club of Rome“ beschäftigten sich die „Hundert Weisen“ mit der ungewissen Zukunft der Erde. Angesichts der ethischen Krise in Europa wurde die Ausrichtung auf materielle Werte kritisiert und eine Veränderung unseres Lebensstils verlangt. Dabei wurde wieder der Ruf nach dem „neuen Menschen“ laut. Aber jeder Versuch in dieser Richtung ist ohne Jesus Christus von vornherein zum Scheitern verurteilt. Jesus, der im Evangelium des Johannes, Kap. 14, Vers 6 von sich selbst sagte: „Ich bin der Weg und die Wahrheit und das Leben“, ist auch als einziger in der Lage, den Menschen, ja die ganze Welt zu erneuern. Im Buch der Offenbarung, Kap. 21, Vers 13 lesen wir dazu: „Siehe, ich mache alles neu.“ Darauf wartet die gefallene Schöpfung. Paulus schreibt im Brief an die Römer, Kap. 8, in den Versen 19 bis 22 dazu: „Denn das sehnsüchtige Harren der Schöpfung wartet auf die Offenbarung (...) auf Hoffnung hin, dass auch selbst die Schöpfung von der Knechtschaft der Vergänglichkeit freigemacht werden wird (...) denn wir wissen, dass die ganze Schöpfung zusammen seufzt und zusammen in Geburtswehen liegt bis jetzt.“

Das Ziel Gottes ist es also nicht, unsere alte Erde zurechtzubringen. Vielmehr wird er, nach seiner

Verheißung, einen neuen Himmel und eine neue Erde schaffen, in denen Gerechtigkeit wohnt, wie wir es im 2. Petrusbrief, Kap. 3, in den Versen 13 und 14 beschrieben finden. Wo aber Gerechtigkeit wohnt, da wird dann auch Friede sein, denn Streit und Krieg beginnen in der Regel dort, wo Ungerechtigkeit herrscht.

An diesen Verheißungen aber hat nur der Anteil, der „in Christus ist". Aus der alten Schöpfung - auch wenn sie noch so human oder christlich aussieht - wird nichts mehr Platz haben. Was zählt, werden nicht unsere guten Leistungen sein, auch nicht, was wir für den Umweltschutz getan haben, sondern nur, was der Sohn Gottes am Kreuz von Golgatha für uns vollbracht hat. Selbsterlösung ist nicht möglich!

Die alte Schöpfung aber wird „mit gewaltigem Geräusch vergehen, die Elemente werden im Brand aufgelöst und die Erde und die Werke auf ihr im Gericht erfunden werden." So lesen wir es im 2. Petrusbrief, Kap. 3, Vers 10. Und im Brief an die Hebräer, Kap. 1, heißt es in den Versen 11 und 12: „... sie (Himmel und Erde) werden untergehen, du (der Herr) aber bleibst; und sie alle werden veralten wie ein Kleid, und wie ein Mantel wirst du sie zusammenrollen, und sie werden wie ein Kleid gewechselt werden, du aber bist derselbe, und deine Jahre werden nicht aufhören." Auch der Prophet Jesaja, der lange vor Christus lebte, spricht in seinem Buch in Kap. 51, Vers 6 von diesen endzeitlichen Ereignissen: „Erhebt zum Himmel eure Augen und blickt auf die Erde unten! Denn die Himmel werden wie Rauch zerfetzt werden, und die Erde wird zerfallen wie ein Kleid, und ihre Bewohner werden dahinsterben wie Mücken. Aber mein Heil wird in Ewigkeit bestehen, und meine Gerechtigkeit wird nicht zerschlagen werden."

Der Countdown zu diesem Weltereignis läuft. „Maranatha! Unser Herr kommt!" schreibt der Apostel Paulus in seinem 1. Brief an die Korinther, Kap. 16, Vers 22. Jesus, der große Welterneuerer, der in der Offenbarung, Kap. 1, Vers 8 von sich selbst sagt: „Ich bin das Alpha und das Omega, (...) der Herr (...) Gott, der ist und der war und der kommt, der Allmächtige", er, der die Welt geschaffen und auf Golgatha erlöst hat, wird sie vollenden. Im Buch der Offenbarung, Kap. 22, Vers 20 sagt er uns: „Ja, ich komme bald!"

Bis dahin aber durchzieht die ganze Schöpfung ein sehnsüchtiges Warten. Dieses Warten ist geprägt von einem immer deutlicher werdenden „Seufzen" der Natur. Im Brief an die Römer, Kap. 8 aber wird uns dann berichtet, dass unser sehnsüchtiges Harren mit der ganzen Schöpfung bald die Offenbarung der Herrlichkeit Gottes erleben wird. Das „Seufzen der Kreatur“ und die „schmerzhaften Geburtswehen“ werden ein Ende haben. Die Knechtschaft der Vergänglichkeit ist dann für all jene vorbei, die an Christus geglaubt haben. Ihre Erlösung wird dann vollendet sein.

„Würdig ist das Lamm, das geschlachtet worden ist, zu empfangen die Macht und Reichtum und Weisheit und Stärke und Ehre und Herrlichkeit und Lobpreis. Und jedes Geschöpf, das im Himmel und auf der Erde und unter der Erde und auf dem Meer ist, und alles, was in ihnen ist, hörte ich sagen: Dem, der auf dem Thron sitzt, und dem Lamm den Lobpreis und die Ehre und die Herrlichkeit und die Macht von Ewigkeit zu Ewigkeit!“ So heißt es im Buch der Offenbarung, Kap. 5, Vers 12 bis 13.

Christen sind Menschen, die jenem Herrn vertrauen, der im Evangelium des Markus, Kap. 13, Vers 31 sagt: „Der Himmel und die Erde werden vergehen, meine Worte aber werden nicht vergehen.“ Die Wiederkunft Jesu Christi ist das große Endziel und die Hoffnung aller Christen. Dann wird keiner mehr Sehnsucht haben nach der alten Erde. Im Buch des Propheten Jesaja, Kap. 51, Vers 11 lesen wir dazu: „... und ewige Freude wird über ihrem Haupt sein. Sie werden Wonne und Freude erlangen, Kummer und Seufzen werden vergehen.“ Deshalb gehört, wie es im Buch der Offenbarung, Kap. 1, Vers 6 heißt, dem alle Anbetung, „der uns liebt und uns von unseren Sünden erlöst hat durch sein Blut und uns gemacht hat zu einem Königtum, zu Priestern seinem Gott und Vater: Ihm sei die Herrlichkeit und die Macht von Ewigkeit zu Ewigkeit! Amen.“

Gesund & fit als Vorträge auf MC

Bisher auf MC im ERF Verlag erschienen:

1. Teil: Grundsätzliches
2. Teil: Getreide
3. Teil: Obst
4. Teil: Gemüse
5. Teil: Fleisch (in Vorbereitung)
6. Teil: Milch (in Vorbereitung)

Jeweils ca. 70 - 75 Minuten

Preis je MC: € 7,90

4 Kassetten zum Sonderpreis: € 19,95

Außerdem von Rudolf Kring als Bücher erschienen:

BSE - Rinderwahnsinn oder Menschenwahnsinn?
56 Seiten
Preis: € 4,95

Schnecken - Ursachen und Bekämpfung der Schneckenplage
82 Seiten
Preis: € 7,62